図解 眠れなくなるほど面白い

論語

大東文化大学文学部 教授
中国学博士
山口謠司
監修

徳 義 信 人 智 仁

日本文芸社

◇まえがき――時代を超えて生き続ける、日常生活で役立つ孔子の教え

今からおよそ二千五百年前に生きた人の言葉が今にも残る、これは奇跡に近いことではないでしょうか。『論語』のなかに書かれる孔子《こうし》の言葉です。「子曰く」として引かれていることから、孔子自身が話した言葉そのままがここには記されているのです。『論語』は、弟子たちが先生の言葉を聞いたときに、忘れないようにと、着物の袖や竹簡などに書き残したものだといわれています。

• 子曰、温故知新、可以為師矣〈為政篇第二〉（子曰く、故《ふる》きを温《あたた》めて新しきを知れば、以《もっ》て師為《な》るべし）
――先生がおっしゃった。古い聖人たちの教えをじっくり時間を掛けて考え、そしてそこから実際に今、必要な教えを自ら導き出せるようになれば、人々に教えることができる師というものにもなれるだろう。

• 子曰、君子和而不同。小人同而不和〈子路篇第十三〉（子曰く、君子は和《わ》して同《どう》ぜず。小人《しょうじん》は同じて和せず）――先生がおっしゃった。君子は、道理がわかれば人と協調して物事に当たり、外面だけ繕《つくろ》って人とうまくやっている振りをしたりはしない。しかし、小人はこれと反対で、人とうまくやっている振りばかりをして、実際には協調して物事を解決したりはできない。

こうした言葉は、中学、高校の国語で習います。二千五百年前の孔子の言葉が、倫理や道徳として、人が人として立派に生きていくための指針ともなっているのです。

さて、渋沢栄一という人をご存知でしょうか。明治時代を大きく駆け抜けた偉人です。

現・みずほ銀行の前身である第一勧業銀行、王子製紙、秩父セメント、東京海上火災、日本郵船など

まえがき

挙げれば五百程にも及ぶ会社を起業し、日本で初めての老人福祉施設、日本赤十字社などの公益団体、さらには東京経済大学や、東京女子大学などの創立にも関わった人です。

こんなことをした人と聞くと、ふつうは、渋沢という人は、お金持ちになろうとした人なのではないかと思うかもしれません。しかし、渋沢は、そんなことを目的に、会社を五百も立ち上げた訳ではありませんでした。ひたすら、日本を近代化するため、そして、ひたすら人のためになる会社を作って人々の生活を豊かにしようという想いで、会社を次々に作っては、その経営を人に譲っていったのでした。渋沢は、亡くなるとき、私有財産はほとんどなかったといいます。しかし、渋沢の周りには、渋沢の作った会社によって助けられ、人を助けることで喜びを感じることができる人たちで溢れていたのです。

そして、自ら『論語と算盤《そろばん》』や『論語講義』という本も書いています。『論語』の精神があれば自分は人生を大きく駆け抜けることができると信じたのでした。

さて、『論語』にもっとも多く見える「仁」の字は、我が国では必ず天皇の名前に付けられることになっています。明治天皇は「睦仁」、大正天皇は、「嘉仁」、昭和天皇は「裕仁」、そしてまもなく退位される当今のお名前は「明仁」です。じつは、これは、天皇が、孔子の語った「仁」という精神を忘れないための言葉なのです。我が国に、中国の本が初めて伝えられたのは、『日本書紀』によれば応神天皇のときであったとされます。このとき、伝えられたのが『論語』でした。

我が国には、伝説の時代から今に至るまでずっと『論語』が息づいているのです。

山口謠司

眠れなくなるほど面白い 図解 論語

もくじ

Contents

プロローグ

論語の誕生と背景

◆『論語』の誕生と孔子の教えとは

『論語』は、紀元前六〜五世紀頃の中国の思想家、孔子の教えをまとめたものです。

その当時の中国の思想家は、ただ学問をするだけではなく、実際の政治にも参加していました。孔子もその例に違《たが》わず、政治にかかわることを希望したのですが、孔子の諸説は理想的過ぎるという理由から、受け入れてはもらえなかったのです。

そこで孔子は、地方各地を遊説《ゆうぜい》して歩くようになりました。地方では、孔子の考えに共感する人々が増え、弟子として教えを請《こ》う人が集まるようになったのです。弟子には、一般の庶民から大夫《たいふ》（役所の長官）まであらゆる階層の人がいました。三千人ともいわれる大勢の弟子に囲まれた孔子は、独特の方法で教育にあたりました。弟子の個性や性格に合わせた、きめの細かい指導です。

ところが、孔子が亡くなると、その指導が裏目にでて、孔子の教えを受けた弟子たちの間に、齟齬《そご》が生じていることがわかってきたのです。

ちょうどその頃、中国では諸子百家《しょしひゃっか》（いろいろな思想家）が出現し、

▲湯島聖堂

◆湯島聖堂（東京都・文京区）

江戸時代の1690（元禄３）年、江戸幕府５代将軍徳川綱吉によって建てられた孔子廟です。後に幕府直轄の学問所となりました。人気時代劇「暴れん坊将軍」でも『論語』を８代将軍吉宗が読んでいるシーンが描写されていて（シーズン８・第２話他）、江戸時代の日本で『論語』が重宝されていることがわかります。

様々な主張を繰り広げるようになっていきました。

弟子たちは、孔子の教えを流布《るふ》するために、教えを一本化して集大成しなければならないと考えたのです。

こうして、弟子たちの力で誕生したのが『論語』だったのです。孔子の死から、百年ほどが経っていました。

さらに四百～五百年後、秦《しん》の始皇帝の時代になると、それまで受け入れられていた儒教（孔子を祖とする教学）が、今度は排斥されるようになるのです。

民間にある、医薬と農業以外のあらゆる書が焼き捨てられ、数百人の儒者を坑《あな》に埋めて殺害しました。歴史上名高い焚書坑儒《ふんしょこうじゅ》とは、このことです。

孔子の一族は危機を察知し、『論語』の原本を早々に家の土壁に塗り込めて隠すことで、何とか難を逃れることができました。当時の書物が、まだ紙に書かれたものではなく、竹簡や木簡に記されていたために、壁の中に塗り込めることが可能だったのです。

その後、孔子の教えは、漢の時代には儒教として国教化されるまでになり『論語』は聖典として普及するところとなったのです。

▲足利学校

◆足利学校（栃木県・足利市）

日本で最も古い学校として知られています。1549（天文18）年にはイエズス会の宣教師フランシスコ・ザビエルによって「日本国最も大にして最も有名な坂東の大学」と世界に紹介されています。足利学校で教えられた学問は儒教が中心で、『論語』とゆかりのある場所です。

◆『論語』の魅力と文学

明治時代以後、わが国ではヨーロッパの影響を受けた小説が多く書かれました。しかし、そうしたなかにも『論語』の影響を受けた作品がいくつもあります。『論語私感』を著したのは理想主義思潮白樺《しらかば》派の中心的存在として活躍した、武者小路実篤です。理想主義を掲げ、新しき村を創造し、社会改革を目指したのですが、やがてそれまでの生き方から方向転換を図ると、のめり込んだのが『論語』でした。新しき村を離れても理想主義が消えてしまうわけではなく『論語私感』は、孔子の教えと理想主義が融合された書となりました。

『次郎物語』で知られる下村湖人《こじん》は、小説『論語物語』を創りました。やさしい言葉で表現される『論語』の解釈範囲は幅広く、『論語物語』は思想書というより教育書としての特徴を備えたものでした。

少年・少女のための『論語』の入門書的な意図で書かれたこの書は、小説という手法で教育論が展開されています。論語の奥深さを知らされるものです。

『五重塔』や『風流仏』などを著した幸田露伴もまた、論語の教えに魅せ

◀武者小路実篤

◆武者小路実篤（むしゃこうじ　さねあつ）

1885（明治18）年5月12日誕生、1976（昭和51）年4月9日死没。理想主義思潮白樺派の中心的な人物として活躍。その後『論語』の世界にのめり込み自分の生きる原動力を見いだしました。孔子の教えと理想主義が融合した書として『論語私感』があります。

られた一人です。近代日本文学界において、もっとも孔子の本質に迫るものであると評価される『悦楽』を残しています。

また夏目漱石は、小説『吾輩は猫である』や『虞美人草』などに、『論語』の一文を引いています。

わが国では国家体制の都合のよいように伝えられ、中国でも批判的に取りあげられた一面がある孔子の教えでしたが、二五〇〇年間伝えられてきた『論語』には、人としての心の在り方を静謐《せいひつ》に説いている以外、深い思いや狙いがあったわけではなかったのに違いありません。だからこそ長い年月、親しまれ続けてきたのです。

『論語』はむずかしいものではありません。そして古くさいものでもないはずです。

『論語』の魅力は、簡単・明瞭・そして簡潔なところにあるため、時代の壁を越え、いつでも誰にでも親しまれるのです。

二十一世紀の今、私たちは孔子から何を学ぶことができるのか、それは私たち一人ひとりの判断にまかされています。孔子の言葉は、人の心をやさしく揺さぶります。困難の多い時代にあって、孔子の言葉は私たちの行く道を示唆《しさ》するものになることでしょう。

◆下村湖人（しもむら　こじん）
1884（明治17）年10月3日誕生、1955（昭和30）年4月20日死没。『次郎物語』で有名な湖人が『論語』の内容を小説形式で発表したのが『論語物語』です。思想書というより教育書としての特徴を備えた一冊です。

◀下村湖人

恥ずかしくない報酬を得る

1

孔子の名言

憲《けん》、恥《はじ》を問《と》う。
子曰《しいわ》く、邦《くに》に道《みち》あれば穀《こく》す。
邦《くに》に道《みち》なきに穀《こく》するは、恥《はじ》なり。

意味

憲（孔子の門人の原憲《げんけん》）が、恥についてたずねた。先生がいわれた。国家に道があれば俸禄を受けるが、国家に道がないのに俸禄を受けるのは、恥ずかしいことである。

国がうまくいっているときに、働くこともなく給与をもらったり、また国が正しくないことをしているときに、それを助けて給与をもらうということは、どちらも恥ずかしいことだといっています。孔子はお金をいかにして儲けるかについて重要視しています。お金儲けにはルールがあって、そこからはずれたことで儲けることは恥ずかしいと一貫していっています。お金のためなら何をしてもよいというわけではないのです。

第1章

善い生き方とは

学ぶことは、人生の喜び

子《し》曰《いわ》く、学《まな》びて時《とき》にこれを習《なら》う、説《よろこ》ばしからずや。朋《とも》あり、遠方《えんぽう》より来《き》たる、亦《ま》た楽《たの》しからずや。人《ひと》知《し》らずして慍《うら》みず、亦《ま》た君子《くんし》ならずや。

訳

先生がいわれた。学問をして学んだことを繰り返していると、学んだことがさらに深く理解ができて、うれしいことだ。また友人が遠いところを、はるばるやって来てくれるのも楽しいことだ。人がたとえ自分のことをわかってくれることがないとしても、気にすることはない。それが立派な人物というものではないだろうか。

これは『論語』二十篇のなかの、最初にでてくる有名な一節です。

自分の喜びと感じられるような生き方が大切じゃ

この一文のなかで孔子は、人生の喜びとなることについて述べているのです。それは取りも直さず『論語』に一貫している、根本的な思想、哲学といえるでしょう。

学ぶことは、師に教えてもらうなり、書物を通して知ることですが、知るだけではなく学んだことを操り返すことで、自分の身につくものだといっています。

また志《こころざし》を同じくする友人と、たまに会って話をすることができるならば、そのことこそが人生の喜びとなるというのです。

仮に、世の中の人が認めてくれなくても、人を恨《うら》むようなことでは、立派な人とはいえないのです。人の評価を気にするのではなく、自分の信じたことを、自分の喜びと感じられるような生き方をすることが、大切なことだと孔子はいっています。

人生の喜びとは…

師に教えてもらうだけではなく復習し、理解を深めること	志を同じくする友人とたまに会って話をすること	世の中の人がどう思うかではなく、自分の喜びとなる生き方をすること

↓

論語に一貫している根本的な思想・哲学

ワンポイント

人の評価などは気にしなくてよい。自分の信じたことを自身の喜びに感じる生き方が大切です。

反省する謙虚な気持ちが大切

曽子《そうし》曰《いわ》く、吾《われ》日《ひ》に三《みっ》つ吾《わ》が身《み》を省《かえり》みる。人《ひと》の為《ため》に謀《はか》りて忠《ちゅう》ならざるか、朋友《ほうゆう》と交《まじ》わりて信《しん》ならざるか。伝《つた》えられて習《なら》わざるか。

訳

曽子（孔子の弟子）がいった。私は一日に三つのことを、反省することにしている。ひとつは、人のために考えて相談にのる際に、真心を尽くしているだろうか。友だちとの付き合いで信義を守っているだろうか。また、しっかりと自分自身が身につけてもいないことを、知ったふりをして人に教えるようなことはしていないだろうかと。

一日の終わりに、それも毎日自分の行いを反省するというのは、やさしいようでその実むずかしいことです。自己中心的な人は、

一日が終わる

自分の行いを反省する

↓

やさしいようでむずかしい

自らの過ちを反省することは大切なことです

人を傷つけたとしても反省どころか気がつきもしないで同じことを平気で何度も繰り返します。確証のない話を、知ったかぶりをして他の人に話す人というのも困ったものです。最近では、インターネットの掲示板などに本当のような嘘の話を載せて、世を弄《もてあそ》ぶような人がいたりします。

人として、筋の通った生き方を心がけることは勿論ですが、それでも間違ったことをしてしまうことは多々あるものです。

そうしたときには、**よく反省をして、二度と同じ過ちを犯さないようにすることがとても重要です。**

反省することで、謙虚な気持ちをもつことができます。人生をより善く生きるためには、反省して問題点を改《あらた》め、更なるステップアップを図ることを忘れてはなりません。

私は一日に三つのことを反省することにしています

・人の相談には真心を尽くしているか
・友だちとの付き合いでは信義を守っているか
・知ったかぶりをして人に教えたりしていないか

自己中心的な人は人を傷つけても
気づかず同じことを何度も繰り返す

ワンポイント

自己中心的な人は、人を傷つけても気づかずに、同じ過ちを何度も繰り返してしまいます。

過《あやま》ちて改《あらた》むるに、憚《はばか》ることなかれ

子曰《しいわ》く、君子《くんし》は重《おも》からざれば則《すなわ》ち威《い》あらず。学《がく》も則《すなわ》ち固《かた》からず。忠信《ちゅうしん》を主《しゅ》とし、己《おのれ》に如《し》かざる者《もの》を友《とも》とすることなかれ。過《あやま》っては則《すなわ》ち改《あらた》むるに憚《はばか》ることなかれ。

訳

先生がいわれた。君子はおもおもしくなければ威厳がない。学問をすれば頑固ではなくなる。忠と信を第一に考え、畏敬《いけい》の念（おそれ敬う心情）をもてない人は友だちにはするな。もしも過ちがあったなら、すぐに改めるべきである。

学問をすると、知識がふえて見識が高まり、柔軟な精神状態を保つことができるのです。

頑迷固陋《がんめいころう》では、自分のかかわった狭い範囲のことしか知らないことになってしまうのです。人は誰でも、過ちを犯すものです。

しかし、過ちを犯したあとが重要です。人はとかく弁解をしたり、ごまかそうとしがちですが、過ちは過ちとして素直に認め、二度と同じことを繰り返さないように、厳粛《げんしゅく》に受けとめることです。「過ちて改むるに憚ることなかれ」。有名な一文として、知られています。**間違いに気づいたら、体面や威厳に傷がつくなどと考えずに、素直に改めることです。**気づいていても改めずにいると、さらに間違いを重ねてしまうことにもなります。そうなってからでは、ますます後に引けなくなってしまいます。

「過《あやま》ちて改《あらた》めざる是《これ》を過《あやま》ちという」。という言葉も『論語』にはあります。人は過失を起こしやすいものだが、改めればもとに戻る。改めなければ、その過ちは真の過ちになるという意味です。

もしも過ちを犯してしまったら＝後が大切

×	○
弁明したり ごまかそうとする	厳粛に受け止めて 二度としない
真の過ちをなる	**改めればもとに戻る**
過ちて改めざる是を過ちという	過ちて改むるに憚ることなかれ

ワンポイント

学問をするということは、自分自身にとっての知識がふえることになり見識が高まります。

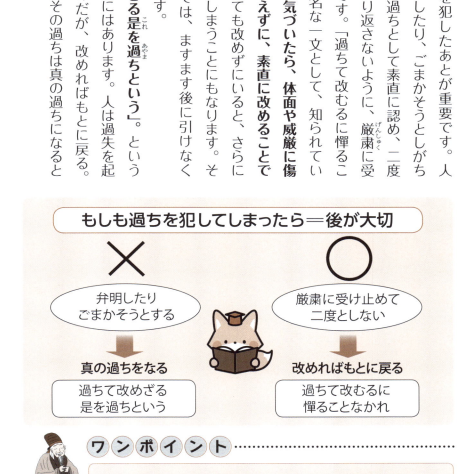

三十にして立つ。四十にして惑わず

子《し》曰《いわ》く、吾《われ》十有五《じゅうゆうご》にして学《がく》に志《こころざ》す。三十《さんじゅう》にして立《た》つ。四十《しじゅう》にして惑《まど》わず。五十《ごじゅう》にして天命《てんめい》を知《し》る。六十《ろくじゅう》にして耳《みみ》順《した》がう。七十《しちじゅう》にして心《こころ》の欲《ほっ》する所《ところ》に従《したが》って、矩《のり》を踰《こ》えず。

訳

先生がいわれた。わたしは十五歳で学問を志し、三十歳になると、独立した立場を得た。四十歳になると、迷うことがなくなり、五十歳になると、天命をわきまえるようになった。六十歳になると、人のいうことを素直に聞くことができるようになって、七十歳になると、思ったようにふるまっても道をはずれるということはなくなった。

孔子が晩年になって、人生を振り返った言葉として有名です。

ここから、**十五歳を「志学《しがく》」**、**三十歳を「而立《じりつ》」**、**四十歳を「不《ふ》**

生きている限り
人の心の成長は
続くものじゃよ

惑《わく》」、五十歳を「知命《ちめい》」、六十歳を「耳順《じじゅん》」、七十歳を「従心《じゅうしん》」というようになったのです。

当時の七十歳といえば、現在では百歳に近い長寿といえます。孔子は七十四歳まで生きたのですから名実ともに、長老といえるでしょう。

四十歳になったら、自分の人生、生き方に迷うことなく自信をもち、五十歳ともなれば、天命の何たるかを自覚するということでしょうか。そのまま現代の私たちに当てはまります。

人の心の成長というものは、生きている間、限りなくつづくのですから、「もう歳だから」などということなく、新しいことにチャレンジして、自分を高める努力をしつづけることが大切なのではないでしょうか。

志学（十五歳）	而立（三十歳）	不惑（四十歳）
知命（五十歳）	耳順（六十歳）	従心（七十歳）

孔子が晩年になって人生を振り返った言葉です！

ワンポイント

孔子は晩年になってからも人生を振り返り、人間は日々成長し続けるものであると説《と》きました。

人が生きるためには、信用が大切

子《し》曰《いわ》く、人《ひと》にして信《しん》なくば、其《そ》の可《か》なるを知《し》らず。大車《たいしゃ》輗《げい》なく、小車《しょうしゃ》軏《げつ》なくば、其《そ》れ何《なに》を以《もっ》て之《これ》を行《や》らんや。

訳

先生がいわれた。人として信義がないならば、うまくやっていくことはできない。牛車に轅《ながえ》のはしの横木（輗）がなく、四頭だての馬車に轅のはしのつなぎ止め（軏）がなかったら、牛馬をつなぎ止めることもできない。一体どのようにして動かそうか。

人間関係には信義が大切で、信義がなければ社会生活というものは成り立たない、といっています。**人として信用できない人というのは、善い人ではないのは当たり前です。**

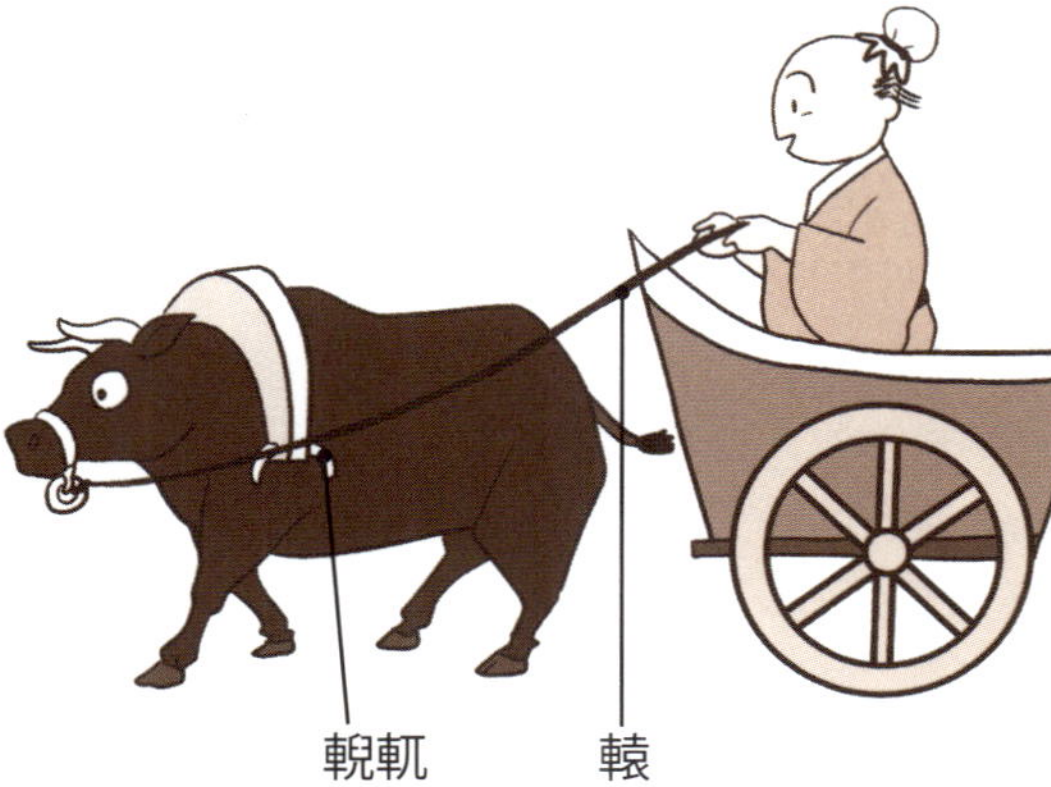

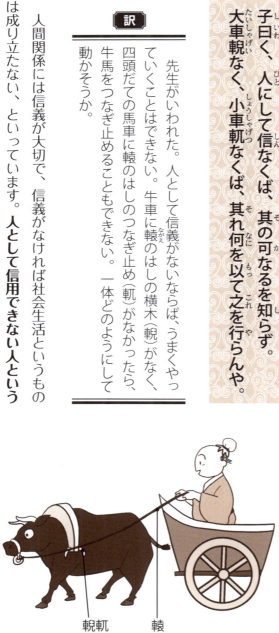

輗も軏も、どちらも馬や牛を車とつなぐための道具のこと。こうした道具を例に挙げて、人にとっての信用の大切さを説いているのです。信用とか信頼とは、かたちとして見えるものではないので、むずかしいものです。では何によって判断するのかというと、行動の積み重ねによってしか見極めることはできないのです。

私を信じて！といわれても、常日頃その人の行動を考えて判断しなければ、信じるかどうかは決められないでしょう。

儒教では、仁・義・礼・智・信の五つを道徳の大切な要素としています。

信じることも信じてもらうことも、人間としては、責任ある行動に裏付けられたものでなければ成立しない、重いものであると解することが重要です。

人間関係において信義がなければ人はうまくやっていけません。牛車の轅の輗や軏と同じものです

輗 軏 ＝ 牛と牛車をつなぐ轅を固定する金具のことで、この金具を人間関係の信義にたとえています

儒教で大切な要素 → 仁 義 礼 智 信

ワンポイント

信用や信頼は目で見ることができないものだから、行動の積み重ねでしか判断できません。

人のふりを見て我が身を反省する

子《し》曰《いわ》く、賢《けん》を見《み》ては斉《ひと》しからんことを思《おも》い、不賢《ふけん》を見《み》ては内《うち》に自《みずか》ら省《かえり》みる。

訳

先生がいわれた。賢くて徳を積んだ人に会うと、自分もそのような人のようにありたいと考えるものだが、愚かで徳のない人の行いを見ると、自分はそのようになってはいけないと、自分のことを反省するものだ。

他人のことはよくわかるものです。

たとえば**自分では思いつかないような、素晴らしいと思われる行動をとる人に出会ったりすると、何と素晴らしいのだろう、自分もあのような立派な人になりたいと思うものです。**

反対に、見苦しい行動をとる人を見ると、あのような人にはな

賢い徳を積んだ人
↑
自分もそうなりたい

愚かで徳のない人の行い
↑
自分はそうなりたくない

●ことわざ●
人のふり見てわがふり直せ

りたくない、と考えます。他人の行動は批判できても、自分が批判されることはないか反省することは、なかなかできないものです。

かつて、子どもたちは大人の行動を手本にして、してもよいこと、してはいけないことを学んだものでした。しかし現代は、大人は子どもの手本となっているのかどうか、危ぶまれることが多くなっているような気がします。**他人の欠点を見つけるように、自分自身の問題点に気づいたら、反省して改める姿勢が大切なのではないでしょうか。**

ことわざにも、**人のふり見てわがふり直せ**というものがあります。ただ他人ごとと思って見るのではなく、常に自分を意識して他人を見ることで、自分自身が成長できるのだという思いをもつことが必要です。

他人の行動を批判することはやさしいが、自分が批判されることがないか反省することはむずかしいものです！

常に自分の行動を意識して、自分自身が成長できるように考える

ワンポイント

他人の欠点を見つけるように、自身の問題点に気づいたら、反省して改める姿勢が大切です。

為《な》せば成る、成らぬは人の為《な》さぬなりけり

冉求《ぜんきゅう》が曰《いわ》く、子《し》の道《みち》を説《よろこ》ばざるにあらず、力足《ちからた》らざればなり。子曰《しいわ》く、力足《ちからた》らざる者《もの》は中道《ちゅうどう》にして廃《はい》す。今女《いまなんじ》は画《かぎ》れり。

訳

冉求（孔子の弟子）が、先生の教える道を学ぶことを、うれしいと思わないわけではないが、（自分が）力不足で進歩がない、といったことに対して先生はいわれた。力の足らない者というのは、いつも途中で諦めてやめてしまうことになるが、お前は力はあるのに努力する気持ちがないので、自分から見きりをつけてしまっているのだよ。

人が成功という結果を出せるか、不成功というかたちで物事を途中で投げ出すのかは、最終的にはやり抜く精神力があるかない

私の力不足で
進歩が
ありません
そうではない。
努力する気持が
ないからだよ

かにかかってくるものです。執念などと表現されることもありますが、ともかく投げ出さないことしかないのです。

　ことわざにも、「為せば成る」というものがあります。

　このことわざのもとは、武田信玄の、〝為せば成る　為さねば成らぬ　成る業《わざ》を成らぬと捨つる人のはかなさ〟からきています。さらにこの歌を、倹約と質素で善政を行った米沢藩主、上杉鷹山《ようざん》がいいやすくしたものが、今では一般的とされています。

　為せば成る　為さねば成らぬ何事も　成らぬ
は人の　為さぬなりけり

　その気になれば、何事もできないことはない。できないということは、努力が足りないということですよ、といっています。精神力の大切さを説いています。

為せば成る
その気になればできないことはない

このことわざのもとになったもの

為せば成る為さねば成らぬ成る業を成らぬと
捨つる人のはかなさ（武田信玄）

さらにいいやすくしたもの

為せば成る為さねば成らぬ何事も成らぬは
人の為さぬなりけり（米沢藩主・上杉鷹山）

ワンポイント

成功、不成功を決めるのはやり抜く精神力であり、努力してやり遂げることに他なりません。

過《す》ぎたるは猶《な》お及《およ》ばざるが如《ごと》し

子貢《しこう》問《と》う、師《し》と商《しょう》とは孰《いず》れか賢《まさ》れる。子曰《しいわ》く、師《し》や過《す》ぎたり、商《しょう》や及《およ》ばず。曰《いわ》く、然《しか》らば則《すなわ》ち師《し》は愈《まさ》れるか。子曰《しいわ》く、過《す》ぎたるは猶《な》お及《およ》ばざるが如《ごと》し。

訳

子貢が、師（子張＝孔子の弟子）と商（子夏＝孔子の弟子）とではどちらがすぐれていますかとたずねた。先生は、師はゆき過ぎていて、商はゆき足りないといわれた。それならば師が勝っているのですかと子貢がいうと、孔子は、過ぎるのはゆき足りないのと同じなのだ、といわれた。

過ぎたるは猶お及ばざるがごとしは、『論語』のなかの有名な言葉ですが、それだけでよく知られるところとなっています。

最後の仕上げのつもり → あちこちを修正してしまう

↓

やり過ぎて失敗してしまう

●ことわざ●
彩ずる仏の鼻を欠く

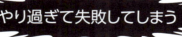

何かことをなすときに、きちんとやり遂げることができないことを「及ばざる」と表し、やり過ぎてしまうことを「過ぎたる」、といっているのです。及ばないのは、誰が考えてもよくないことは理解できますが、では少しやり過ぎるくらいなのは、むしろよいのではないかと考えがちですが、**孔子はどちらも同じように中庸（ちょうどよい）という点からすると好ましくないと考えたようです。**

言い換えると、中庸ということはむずかしいということなのでしょう。ことわざにも、**彩ずる仏の鼻を欠く**というのがあります。

木彫の仏像を仕上げる際に、ほどほどにしておけばよいものを、もう少しここを、あそこを、とやっているうちに、やり過ぎて肝心なところを欠いてしまい、すべてを台なしにしてしまうという意味です。

過ぎたるは猶お及ばざるがごとし

よいことでも度を超してしまうと害になり
足らないのと同じことで感心できないの意味

孔子は中庸がよいと考えていました。中庸とはかたよらず常に変わらないことです

ワンポイント

善い行いでも度を超してしまうと害になってしまい、足らないのと同じことで感心できません。

論語ちょっといい話1

孔子が語りかけた『論語』は二十篇から構成されています

『論語』は、ほとんどが「子曰く」、で始まっています。それは、孔子が生前に弟子に語りかけたものを、そのまま記載する形式をとっているからです。

子曰く、で書かれた章は、数章から数十章までにまとめられて、二十の「篇」に構成されています。二十篇を挙げると以下のようになります。

1、学而第一　2、為政第二　3、八佾第三　4、里仁第四　5、公冶長第五
6、雍也第六　7、迷而第七　8、泰伯第八　9、子罕第九　10、郷党第十
11、先進第十一　12、顔淵第十二　13、子路第十三　14、憲問第十四
15、衛霊公第十五　16、季氏第十六　17、陽貨第十七　18、微子第十八
19、子張第十九　20、尭日第二十

この篇の名づけ方を見てみると、学而第一では、子曰、学而時習之、不亦説乎（後略）、為政第二では、子曰、為政以徳、譬如北辰居其所（後略）のように、子曰くにつづく文字を取って、篇の名としているのがわかります。

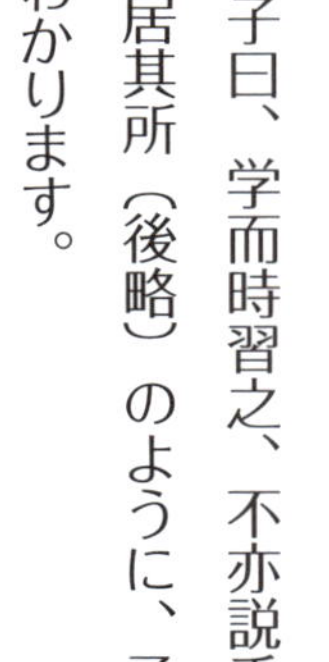

論語のほとんどが孔子が弟子に語りかける形式で書かれており、それにより内容がわかりやすいのです。

つまり、篇の名からは、その篇の全容を知るということはできません。

また、ひとつの篇に集められたいくつかの章が、必ずしも関連性をもった内容というわけでもありません。特徴のある篇といえば、郷党第十が孔子の生活について、食事についてなど、孔子の日常的な態度についてをまとめているところです。

各章では、孔子が語りかけている相手の弟子の名前が明記されているところもありますが、ほとんどが子曰く、つまり「先生がおっしゃった」だけになっています。

語りかけられた弟子のなかで、よく登場してくるのは、子貢、顔淵、子路などで、**「孔門の十哲」**と呼ばれる優秀な弟子たちがほとんどを占めています。

同じ内容について、弟子が質問してきたことに対して、孔子がそれぞれの弟子に合わせた答え方をしている点は、『論語』のひとつの面白さとなっています。語りかける相手が違っても、答え方を変えても、孔子が伝えようとしていることは、人間としてのモラルを身につけることを第一にせよ、ということです。

論　語

二十篇から構成

↓

ほとんどが「子曰く」で始まっています

「論語」は難しいものではありません。そして古さを感じさせません。論語は時代の壁を越え多くの人から親しまれています

孔子の名言

言行不一致は恥ずかしい

2

子《し》曰《いわ》く、
古者《こしゃ》、言《げん》をこれ出《い》ださざるは
躬《み》の逮《およ》ばざるを恥《は》じてなり。

意味

先生がいわれた。昔の人が言葉を軽率に口にしなかったのは、実践をすることができないうちに、口に出すことを恥ずかしいと考えたからだ。

不言実行という言葉があります。何もいわずに、実行するということです。不言でも有言でも、決めたことが結果として実践されれば、それでよいのですが、いうことだけいって結果がともなわないのは、あまり格好のよいものではありません。孔子は、そのことを恥ずかしいことと考えたのです。ことわざにも、言うは易《やす》し、行うは難《かた》しとあります。いったことをきちんと実践することは、とてもむずかしいという意味です。

孔子の名言

3

己の欲せざる所は、人に施《ほどこ》すこと勿《な》かれ

子《し》貢《こう》曰《いわ》く、我《わ》れ人《ひと》の諸《こ》れを我《わ》れに加《くわ》えんことを欲《ほっ》せざるは、吾《わ》れ亦《ま》た諸《こ》れを人《ひと》に加《くわ》うること無《な》からんと欲《ほっ》す。子《し》曰《いわ》く、賜《し》や、爾《なんじ》の及《およ》ぶ所《ところ》に非《あら》ざるなり。

意味

子貢がいった。私は自分が人にされるのを好まないようなことは、自分もまた人にはしないようにしたい、と。先生はいわれた、賜（子貢の名）よ、それはまだお前にできることではない。

子貢は、自分が人にされて嫌なことは、他人にすることをしない、とよいことをいったのですが、孔子は、それはまだ子貢にはむずかしいと思う、と厳しくこたえています。子貢は聡明ではあるのですが、言葉が巧みだったので、実行できなければ意味がないということを伝えたかったのでしょう。孔子は子貢のいったことを評価してはいるのですが、子貢の性格上の問題点まで含めて諭《さと》されたのです。

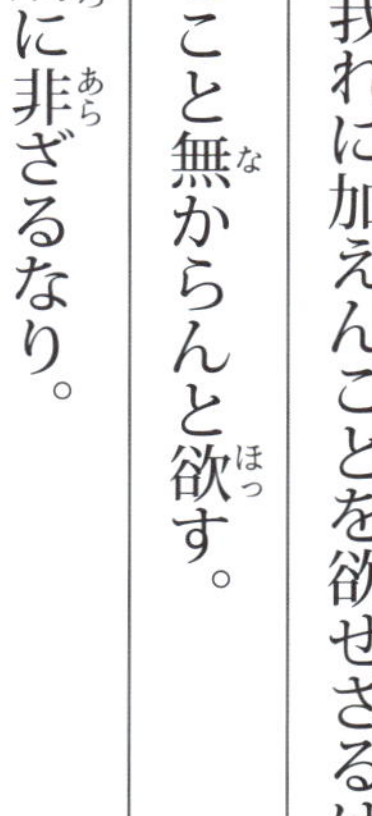

孔子の名言

富を求めない者はいない

4

子《し》曰《いわ》く、富《とみ》にして求《もと》むべくんば、
執鞭《しつべん》の士《し》と雖《いえど》も、吾《わ》れ亦《ま》たこれを為《な》さん。
如《も》し求《もと》むべからずんば、吾《わ》が好《この》む所《ところ》に従《したが》わん。

意味

先生がいわれた。富というものが追い求めてもよいものであるならば、私も王侯の出入りに鞭を取って守るような賤《いや》しい役人となって富を求めることをするが、求めても必ずしも得られるものではないならば、私は自分の好きな生き方をするだろう。

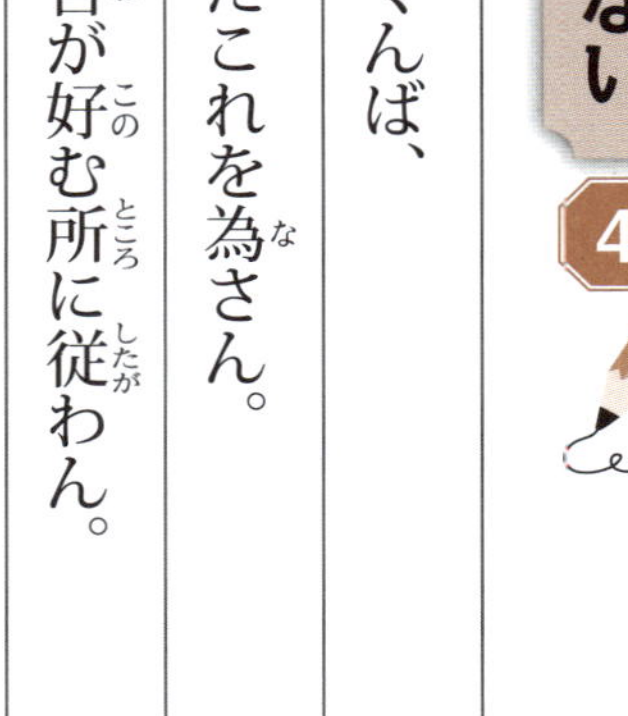

富を求めない者はいない、と孔子はいっています。仮に富を求めて得ることができるのならば、賤しい役人にでもなって富を求めることをしたかもしれないが、富を得ることは天命であって、求めて得られるものではないならば、自分の好きなように暮らしたい。よって富を求める生き方はしないというのです。

第2章

仕事というもの

ひとつのものに限定しない能力

子《し》曰《いわ》く、君子《くんし》は器《うつわ》ならず。

訳

先生がいわれた。君子というものは、器ではない（つまり、決まりきったものを入れるという限定された器とは違って、広く自由であってよいのだ）。

専門分野について、深く研究をしているスペシャリストといわれるような人は、ひとつのことだけについて、よく知っていればよいわけです。

ここでいう君子のことを、たとえばビジネスの場で指導的立場にある人と考えると、そのような人はスペシャリストである必要はないといっているのです。なぜなら、**指導的立場に立つということは幅広い能力と、臨機応変な姿勢が望まれるものであって、**

器というものは、それぞれの用途によって使い方が決まっています

大局的な視点が最も大切とされるからです。型にはまらないことこそ重要です。専門的な知識が必要であれば、スペシャリストの力を借りればよいわけですから。

『論語』の面白いところは、ひとつの言葉を読み手の側の立場、あるいは心情などによって、様々に解釈ができるところにあります。

君子といえば、徳が高く品位のある人を意味するのですが、では具体的にどのような人のことかというところまでは言及していません。**読み手の受け取り方で、ビジネス上のリーダーととらえてもよいし、政治的立場にある人と考えてもよいわけです。**

こうした寛容さが、『論語』の言葉が時代の変遷に取り残されることなく、今に伝わっている理由のひとつともなっているといってよいでしょう。

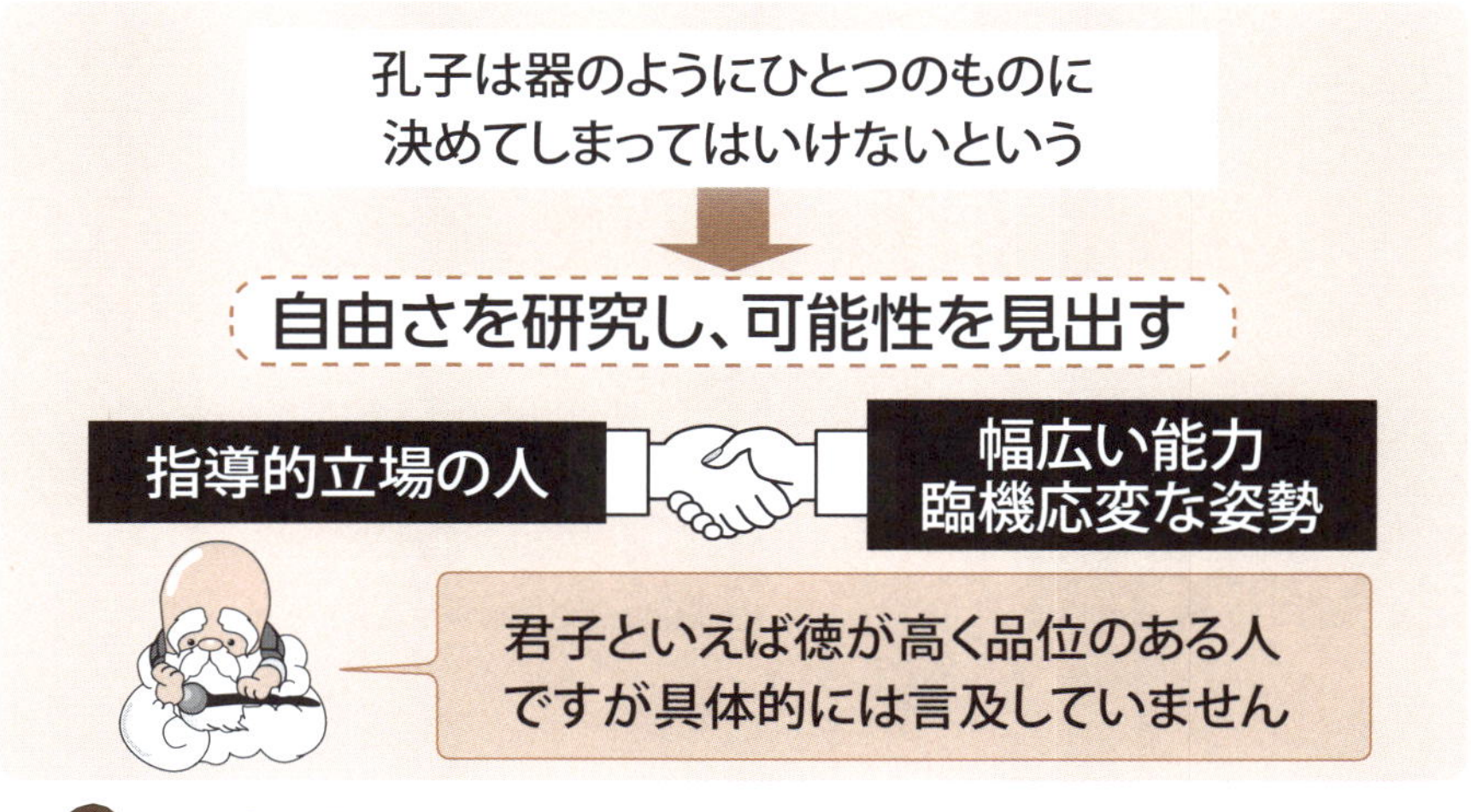
孔子は器のようにひとつのものに
決めてしまってはいけないという
自由さを研究し、可能性を見出す
指導的立場の人
幅広い能力
臨機応変な姿勢
君子といえば徳が高く品位のある人
ですが具体的には言及していません

ワンポイント

器のように用途をひとつに決めず、人は広く自由な発想をもって行動をすべきなのです。

正しい儲け方で、利を得るべき

子曰《しいわ》く、利《り》に放《よ》りて行《おこ》なえば、怨《うら》み多《おお》し。

先生がいわれた。利益ばかりを考えて行動していると、人から怨みを受けることが多いものだ。

訳

利益を得ることについて、孔子は否定するものではありません。利益を上げることは悪いことではないけれど、自分のことだけを考えて、私利私欲を貪《むさぼ》るようなお金儲けはよろしくないというのです。

原油が高騰すると、様々なところに影響が出ます。

原油価格の変動は、新興経済大国の中国やインドによる、原油需要の急増が大きな原因といわれていますが、それだけではあり

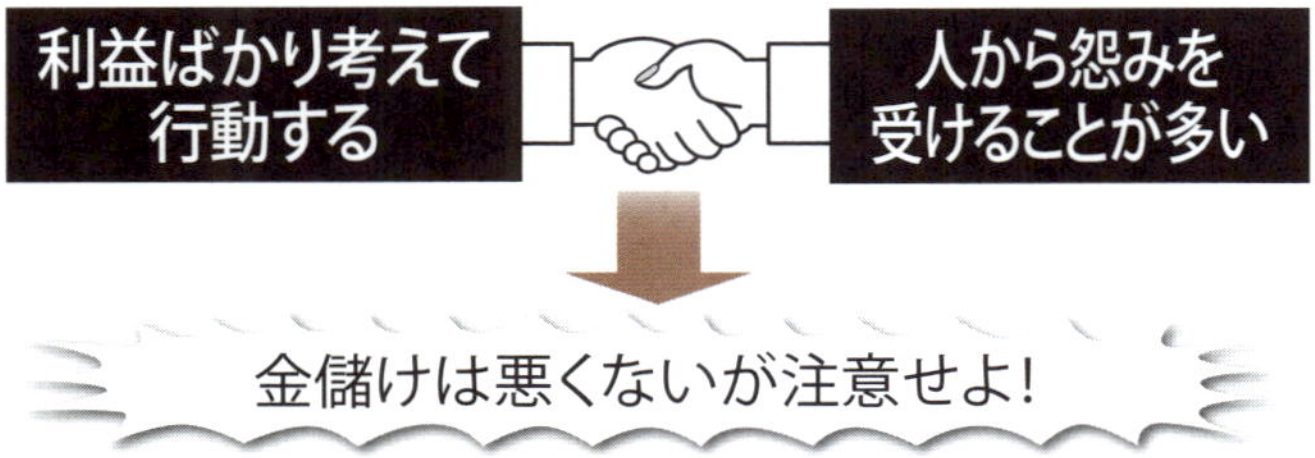
利益ばかり考えて行動する
人から怨みを受けることが多い
金儲けは悪くないが注意せよ!

●ことわざ●
金はあぶない所にある

ません。今後不足が予測される原油の需要に目を付け、投機目的でマネーゲームが繰り広げられているのも一因となっています。

原油投機で儲けを得ることは、人から怨みを受けることになります。なぜなら、多くの人の生活に、大きな影響を及ぼすような儲け方は、あまりよいわけはないからです。

ことわざに、**金はあぶない所にある**というのがあります。普通にしていては大金を手にすることはむずかしい、あぶないことをしなければ大儲けはできないという意味です。

孔子は、現代を予測したわけではないでしょうが、お金儲けをすることの本質について、見抜いていたのでしょう。

お金儲けをすることは悪くはないけれど、十分に注意をしてしなさいと、いましめているようです。

お金を儲けることの本質
「お金はあぶない所にある」

普通にしていたのでは大金は手に入らない

↓

大金を手に入れようとすると人の怨みを買う

↓

お金儲けをするには、くれぐれも注意しなければいけない

ワンポイント

利益を追求することは悪いことではありません。
しかし私利私欲を貪る行為はいけません。

まっすぐな心で生きることの大切さ

子《し》曰《いわ》く、徳《とく》は孤《こ》ならず、必《かなら》ず鄰《となり》あり。

先生がいわれた。徳があって孤立することはない。必ず人はついてくるものである。

訳

徳は『論語』では何回も使われています。徳の意味も、すべて同じではないのですが、彳（ぎょうにんべん）を取った悳の文字の意味がまっすぐな心を表し、彳は行くことを示しています。つまり、まっすぐな心をもって、人生を生きていくという意味が徳なのです。徳のある人といえば、品性が身についた、善や正義に従う人格者のことです。

徳をもって、一生懸命、真面目に仕事に向かっている姿は、周囲の人を惹《ひ》きつけ、共感する人たちが集まってくるというのです。

徳があって孤立することはないよ…必ず人はついてくるものなのじゃ

徳

↓

まっすぐな心で人生を生きていくことの意味

反対に徳がない人であれば、共感する人が現れるどころか、嫌がられて誰も寄りつかなくなってしまいます。

企業は人なりとはよくいわれることです。会社が発展していくためには、立派な建物や設備などではなく、そこで働く人こそが大切な役割りを果たすという意味です。

社長を含めて、指導的立場の者が徳のある人物ならば、よい社員が集まり力を合わせて会社を大きくしていくことになるのです。仮に困難に遭遇することがあったとしても、一丸となって乗り越えることが可能です。一方で、高いお給料の会社というのも、人が群がってはきます。しかし、お金が無くなってしまえばすべておしまいです。**金の切れ目が縁の切れ目とは、世事一般に通じる、人とお金の結びつきをいったことわざです。**

徳のある人物の会社	徳のない人物の会社
よい社員が集まる	お金の魅力で社員が集まる
力を合わせて会社を大きくする	困難なことが起こる
困難に遭遇する	お金がなくなれば縁が切れてしまう
力を合わせて乗り越える	
↓	↓
企業は人なり	**金の切れ目が縁の切れ目**

ワンポイント

徳のある人とは、品性を身につけたその上で善や正義に従う人のことなのです。

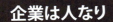

心から楽しむことは最高のこと

子《し》曰《いわ》く、これを知《し》る者《もの》は、これを好《この》む者《もの》に如《し》かず。これを好《この》む者《もの》は、これを楽《たの》しむ者《もの》に如《し》かず。

訳

先生がいわれた。知っているということは、好むということには及ばない。好むということは、楽しむことにはさらに及ばない。

学問や仕事の世界では、知っていることは、いろいろと利点は多いでしょう。さらに、好きなことを仕事にすれば、仕事自体が興味の対象となるのだから、それに優ることはありません。

しかし、**知っていることも、好きなことも理性に裏付けられた感情のひとつである点を考えると、楽しむことはさらにその上の境地ともいえる状態のことです。**

どのようなことでも、心から楽しむことのできる対象と向き合うことは、最高のことといえるのではないかと孔子はいっています。

人は仕事を選択するときに、様々な動機から考えます。知人がその仕事をしているのでよく知っている、あるいは仕事の内容が好きだから、という理由で選ぶこともあるでしょう。どちらもよくあることですが、もしも高いお給料がもらえるから、などという理由から仕事を選ぶようなことがあったなら、それは論外です。お金だけで嫌なことを我慢することは、長い間はできません。

やはり、**楽しんで取り組むことができる仕事であったならば、好結果をうみ、長い人生、最高に幸せに満ちたものとなるはずです。**単純だけれども、重要な境地を説いた、有名な一文です。

知っているということは、好むということには及ばない。好むということは、楽しむことにはさらに及ばないよ

知っている世界	利点が多い
好きなことを仕事にする	興味の対象
楽しむことのできる仕事	最高のこと

ワンポイント

心から楽しめることを可能にする「対象」と向き合うことは、この上ない最高のことなのです。

孔子の四つの教えとは

子《し》、四《よ》つを以《もっ》て教《おし》う。文《ぶん》、行《こう》、忠《ちゅう》、信《しん》。

訳

先生は、四つのことを教えられた。学問を学ぶことと、学んだことを実行すること。実行には真心をもってあたり、信義を尽くすことである。

孔子が教えた四つのことについて、以下で見ていきましょう。

文とは、書物を読んで知識を得ることです。書物とは、古典のことです。

行とは、実行することです。学問から得た知識を実践しなければ無意味だといいます。

忠とは、真心を尽くすことです。

信とは、約束ごとを守って、信頼を得ることです。ここで注意

しなければいけないのが、忠です。武士道に代表される日本での忠の認識は、忠義・忠孝の言葉で表されるように、君主の命に疑問をもつことなく従い、尽くす精神とでもいったらよいでしょうか。

君主が臣下に命令するものと考えられていました。しかし孔子は、そのようにはいってはいません。

忠が、真心を表すものであることから、君主に強制などされずに、君主のことを自ら思い、真心を尽くす精神のことをいっています。

視点を変えると戦国時代の忠義心のように感じますが、『論語』本来の忠にはそうした意味はありませんでした。人間が、社会的活動（仕事）をするうえで必要とされる心がまえとして、孔子の言葉は今に生きているといえます。

孔子の四つの教え

文 いろいろな意味があるが、文献またはそこに記されている内容のこと

行 行動すること。知識で得たことを実践すること

忠 かたよりのない心の意味。忠義、忠実など真心を尽くす精神のこと

信 まこと、真実を意味する。人の言葉に、もしも偽りがあったならば刑罰を受けると誓うことが元の意

ワンポイント

孔子の４つの教えのなかには、人が仕事をしていくうえでの大切な考え方が含まれています。

日常的な訓練がないのは勝負を棄《す》てること

子《し》曰《いわ》く、教《おし》えざる民《たみ》を以《もっ》て戦《たたか》う、是《こ》れこれを棄《す》つという。

訳

先生がいわれた。戦いというものは、生死にかかわるものだから、平常から訓練をしておかなければいけない。訓練をしない民を兵士として戦うことは、負けることがわかっているので、最初から勝つことを放棄しているということだ。

たとえば現代の企業戦争を勝ち抜いていくためには、情報の収集などを含めて緻密《ちみつ》な戦略や戦術を駆使する必要があります。

企業の指導的立場にある者は、部下に戦略的方法を教えて、企業間の競争に勝利する指導を怠《おこた》ってはならないのです。どんなに優秀な個人が集まっていたとしても、効果的な戦略を日常的に意識して鍛えておかなければ、勝ち目はないでしょう。

社員一人ひとりは努力している → 結果が出ない

↓

社員の能力が発揮されていない

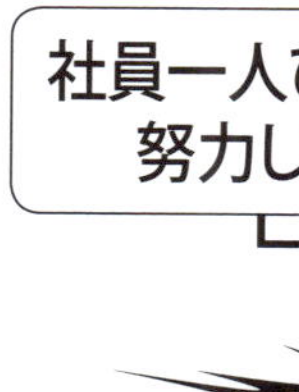

日頃からの十分な備えが勝利への道なのです！

日頃から、経営者あるいは上司となる者は、部下が十分に効率のよい結果を出せるような指導体制をつくっておかなければ、企業戦争に勝つことはできないのです。

一方で優秀な人材を集めてはいても、企業利益が思うほどに上がらない会社というのがあります。

社員一人ひとりは、皆一生懸命に努力はしているのですが、結果が今一つというところです。

このような会社は、戦略的な方法が十分に訓練されていないために、優秀な人材の能力が発揮されていないのです。日頃からの十分な備えが、勝利への道であることを考えると、経営者の万全な対策が望まれるところではあります。

企業戦争を勝ち抜くためには

情報の収集　戦略　戦術

↓

日常的に訓練することが大切

部下が効率のよい結果を出せるような
指導体制をつくることが重要です！

ワンポイント

日頃から訓練をしていない人を兵士として駆り出すのは、その時点で勝負を棄てているのです。

上司と部下の理想の関係とは何か

子路《しろ》、君《きみ》に事《つか》えんことを問《と》う。子曰《しいわ》く、欺《あざむ》くことなかれ、而《しか》して之《これ》を犯《おか》せ。

訳

子路が、主君に仕えることをたずねた。先生がいわれた。人に仕えたならば、欺いてはいけない。しかし君主が間違っていたときには、逆らってでもその間違いを改めるように進言するべきだ。

現代でいえば、自分がこの会社、あるいはこの人（この経営者のもとで働きたい）と決心をして入社したのだったなら、入社してから話が違う、こんなはずではなかったなどと辞めたりしてはいけないということでしょうか。

しかし、もしも**信じて入社した会社が不正を行っていたり、誤っ**

主君の懐刀となって活躍するのは男性のひとつの理想です

た方法に向かっていると感じることがあったなら、身を呈《てい》して意義の申し立てをするべきだというのです。たしかに人間関係としては、極めて理想的ではあるけれども、現代社会には当てはまらないかもしれません。

会社構成は、組織化されることが重視されていて、人は組織のなかの歯車的存在と化しているために、経営者あるいは、上司と部下との人間関係が一般的には希薄になっているのが現状だからです。主君の懐刀《ふところがたな》（秘密の計画などにあずかる近臣の者や配下のこと）となって活躍する姿は、男性にとってはいつの時代にも、ひとつの理想であるのかもしれません。現実に実践することはなくとも、果たせぬ夢を追い求める姿には、熱い思いで正義を描く孔子の心と相通じるものがあるようです。

人に仕えたら欺いてはいけません。しかしもし上に立つ人が間違っていたときには、間違いを改めるように進言するべきです

自分が納得して入社した会社を簡単に辞めない

↓

会社が不正をはたらいていたら改めるよう進言する

ワンポイント

上司や会社が不正をしていることに気づいたら、それは間違いであると進言するべきです。

仕事と報酬の間にはどんな関係があるのか

子《し》曰《いわ》く、君《きみ》に事《つか》えては、其《そ》の事《こと》を敬《けい》して其《そ》の食《しょく》を後《のち》にす。

訳

先生がいわれた。主君に仕えるには、まずその仕事を慎重に行って、俸禄のことはあとまわしにするものだ。

何か仕事を頼むと、反射的に「それやったら、いくらくれるの」という人がいます。

やってもいないうちから、報酬のことを口に出すものではない、と孔子はいさめているのです。

まず、与えられた仕事を精魂込めて、きちんと最後までやり通すことが大切で、できないものには報酬が支払われなくても仕方がない場合もあるのですから、まずはやり遂げることです。

仕事をやってもいないうちから報酬のことを口に出すではないぞ
わかりましたまずは仕事をしっかりやります

結果、よくできていればよくできたように、そうでなければそうでないように、一般的には仕事に見合った報酬というものが支払われるはずなのです。

孔子は、富を得ることを否定はしていませんが、正しい手順を経て富を手にすることには、強いこだわりをもっていました。

正当な手段は、ここでいえば仕事です。仕事をきちんと仕上げることは、報酬がいくらかということとは無関係です。仕事そのものをやり遂げること、そのことだけが重要なのです。

報酬はあくまで、仕事ができ上がった結果に対して支払われるものという考え方が、孔子の報酬に対する考え方です。言葉よりも、行いを重視する一貫した姿勢がここにもうかがえます。

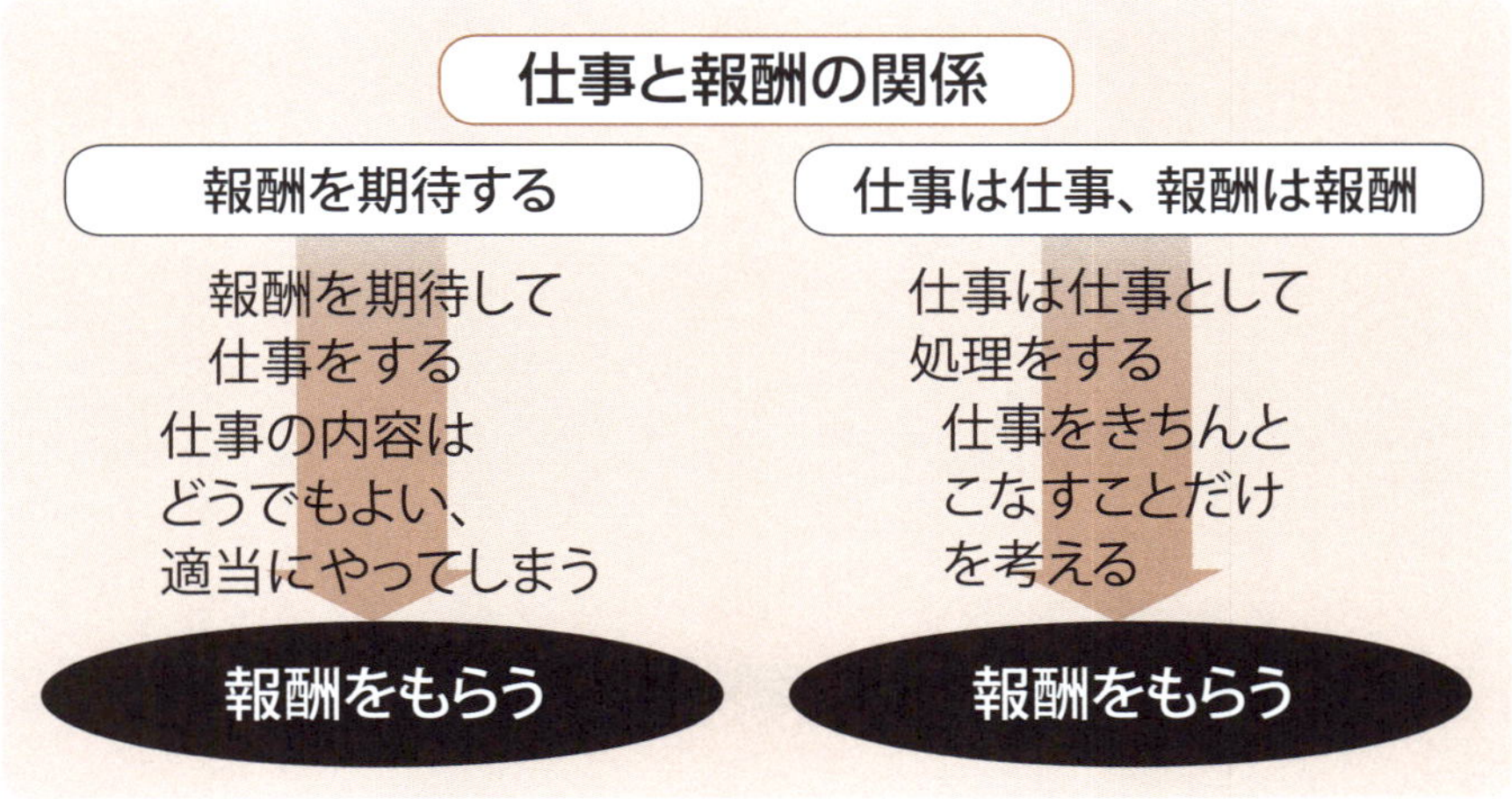
仕事と報酬の関係
報酬を期待する
報酬を期待して
仕事をする
仕事の内容は
どうでもよい、
適当にやってしまう
報酬をもらう
仕事は仕事、報酬は報酬
仕事は仕事として
処理をする
仕事をきちんと
こなすことだけ
を考える
報酬をもらう

ワンポイント

仕事と報酬には密接な関係がありますが、報酬は仕事をやり遂げた後のことなのです。

日本人にとっての『論語』

日本最古の歴史書として知られる『古事記』（七百十二年）によると、応神天皇の時代に百済《くだら》から渡来した、王仁《わに》によって『千字文』とともにわが国にもたらされたのが、『論語』であったと記されています。

つまり『論語』は、日本人にとって最初の書物であったのです。

六世紀〜七世紀頃になると、聖徳太子が制定した十七条憲法に、『論語』を参考にしたと思われる一節を見ることができます。

十七条憲法（第一条）
一に曰く、和をもって尊《とうと》しとなし、さかうることなきを宗《むね》とせよ。

『論語』（学而）
有子曰く、礼の用は和を尊しとなす。

第一条に取りあげられたこの一節は、十七条憲法のなかでも重要なものと考えられていました。

『千字文』とは、文字の教科書のようなもので、これによって日本に漢字が伝えられたとされる書のことです。

以来、日本の律令時代から、『論語』は上級の官吏《かんり》たちにとっては、必読の書としての位置を占めることになるのです。

江戸時代になると、武家の子弟が学んだ藩校でも『論語』は必修科目となり、寺子屋で学ぶ子どもたちさえ『論語』を習うことになるほどに、広く庶民の間に浸透していったのです。

明治時代以後も、旧制高校での漢文といえば、『論語』が中心になっていました。

また、日本の政界・財界で活躍する指導的立場の人たちも『論語』をもとにした儒教の考え方から大きな影響を受けて、必読の書とする人も少なくはありませんでした。

開国から明治になると、西洋文明が近代化を推し進めていく原動力として取り入れられる一方で、日本の教育、天皇制を維持強化していくために、儒教的道徳による精神教育を図る方策が立てられるのです。

体制にとって都合のよいように、儒教本来の教えからはずれた内容を強調して、教育に使用したのです。

古事記（712年）

日本最古の歴史書

王仁によって『千字文』とともにわが国にもたらされたのが『論語』と記されています

論語は時代の流れとともに庶民に浸透していくことになったのです！

5

新しいことに臨むには、過去を踏まえる

孔子の名言

子曰《しいわ》く、
故《ふる》きを温《あたた》めて新《あたら》しきを知《し》る、
以《もっ》て師《し》と為《な》るべし。

意味

先生がいわれた。古いことを研究して学び、新しい知識を得ることに活かすことができる人は、師となれる人である。

故《ふる》きを温《たず》ねて新《あたら》しきを知る、と一般的に使い、温故知新という四字熟語になっています。仕事上の新しい企画を立てる場合などでも、ただ現代に合ったものを、と闇雲にあれこれと考えるのではなく、書物などでそれにまつわる過去のことを調べ、経緯や特徴などを知った上で、現代に適したものを開発すればよりよいものが生まれるということをいっています。人は過去にどのようなことを考えていたのかを、知ることが大切なのです。

実行が第一

6

孔子の名言

子貢《しこう》、君子《くんし》を問う。
子《し》の曰《いわ》く、先《ま》ず其《そ》の言《げん》を行《おこ》ない、
而《しこう》して後《のち》にこれに従《したが》う。

意味

子貢が、君子とはどのような人のことかをたずねた。先生はいわれた。君子というものはまず、いおうとすることを実行して、その後で説明をするような人のことだ。

ビジネスの場で、自分に降りてこないプランについて、自分だったらああして、こうして……と説明だけはよくする人がいます。しかし、いざプランが与えられると、やはりああでもない、こうでもないと弁解ばかりで、まともな結果を出すことができないのです。まずは結果を出してから、その後に説明をするくらいの、実行を第一とする姿勢が望ましいものである、と孔子はいっているのです。

孔子の名言

自ら範を示すことが上に立つ者の使命

7

子《し》曰《いわ》く、其《そ》の身《み》正《ただ》しければ、令《れい》せずとも行《おこ》なわる。其《そ》の身《み》正《ただ》しからざれば、令《れい》すと雖《いえど》も従《したが》われず。

先生がいわれた。指導的立場に立つ者が、自分自身が正しい行いをしていれば、命令などしなくても下の者はついてくるものだ。だがもしも、上の者が正しい行いをしていなければ、命令しても下の者はついてくることはない。

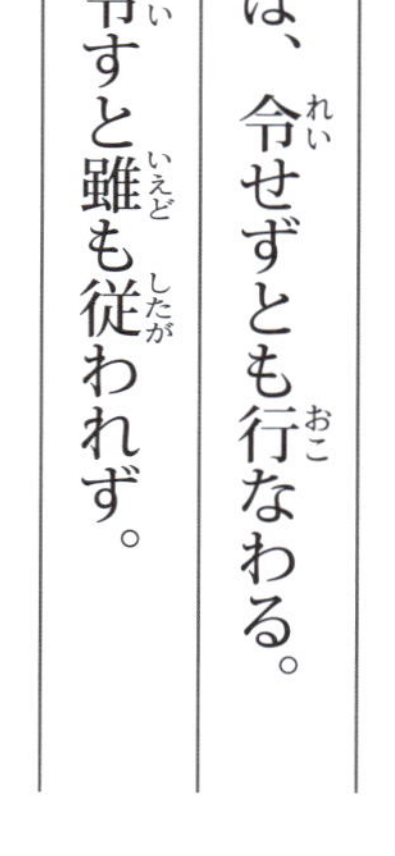

孔子の考え方に、指導的立場にあるものはその自らの徳によって、下の者を惹きつけ指導していくというものがあります。上に立つ者は、厳しく自身を律さなければいけないということです。企業などで上司が、部下に対してああせい、こうせいと、たくさんの命令をしたところで上司自身が模範となるような行動を率先して行うのでなければ、聞く者などいないのは当然のことです。多くのことを語らずとも、上の者が実践していれば、下の者はそれをみならって、社風全体がよい方向にまとまるということです。

第3章

学ぶということ

学ぶことと思うことの重要性

子曰《しいわ》く、学《まな》んで思《おも》わざれば則《すなわ》ち罔《くら》し。
思《おも》うて学《まな》ばざれば則《すなわ》ち殆《あや》うし。

訳

先生がいわれた。教えられたことを学ぶことや、本を読むだけで、さらに深く思索をしなければ、知識を得るだけになってしまう。また、考えるだけで自分勝手に思い込んでしまうのは危ないものだ。

学ぶことの基本姿勢について述べています。

孔子が考える、学ぶということは、先生に教えてもらったり、本を読んだりすることだけではなく、さらに自分で考えて自分なりの考え方をもつことをいっています。どちらか一方だけでは、真の学問とはいわないのです。

教えられたことを学ぶだけ
本を読むだけではダメだよ
深く思索することで本当の
学問といえるのじゃ

学ぶということ

現代は、インターネットを使えば、ほとんどの知りたいことは瞬時にわかります。知識を得るだけなら、インターネットのほかにも、本を読んだりすればよいわけです。

しかし学問とは、ただ知識を得るだけではだめなのです。知識は物事を考えるための素材でしかないのですから、知識を整理して自分なりの考えをもつことが必要なのです。

それなら、知識はなくとも自分で考えればよいではないかと思うかもしれませんが、それでは思い込みに陥って、独断専行となってしまいます。

独断専行は、間違った考えにとらわれて危険だということも、孔子はいっています。

学ぶことと、思うこと、その両方が車の両輪のように備わってはじめて、人間として正しい方向へ進んで行くのです。

学ぶことと思うことは車の両輪のようなもの

学ぶこと

知識を得るということは考えるための素材を手に入れるだけです

思うこと

知識はなくても自分で考えればよいとすると独断専行になりがちです

学ぶことと思うこと、その両方が大切なのです

ワンポイント

学ぶことと、思うことが両方備わると人間は人として正しい方向に進んでいくものです。

学問に王道なしとはどんな意味なのか

子曰《しいわ》く、異端《いたん》を攻《おさ》むるは、斬《こ》れ害《がい》あるのみ。

訳

先生がいわれた。王道といわれる道を学んでもいないのに、裏の道や別の道を専攻することは、害にしかならない。

異端とは、その世界や時代で正当と考えられている信仰や思想などから、はずれていることをいいます。異端児などといえば、その世界に新しい風を送り込み、規制の枠組みを壊してしまうような個性の強い人のことを指します。

異端という響きは、自由奔放さや新しいといった意味合いでとらえると、あまり悪いイメージにはつながらないのですが、邪道と言い換えると悪い印象が強くなります。

王道を学ぶことなく、邪道から物事に取り組めば、孔子ではな

はい
王道といわれる道を
学んでもいないのに
裏の道や別の道を
進むことは害にしか
ならないのじゃ

くとも害にしかならないということが理解できるでしょう。

物事は、まず正道から行くべきです。学問に王道なし、ともいうように、正しい順序で取り組むほかに近道はないのです。それは、いつの時代でも変わることのない、真理といってよいでしょう。

今の時代はとくに、人と同じことをしているだけでは、社会の成功者となることがむずかしい時代です。だからこそ、安易な近道を選ぶのではなく、正道を極めることに価値があります。

基礎力をしっかり身につけて、どのようなことも乗り越えられる力をもって新しいことに取り組めば、堂々とした人生を送ることができます。人生は短いようで長いもの、力を蓄えておくことが、宝となるものです。

邪道

↓

裏の道や別の道を学ぶ
目立つ、新風を吹き込む
害にしかならない

正道

↓

正しい順序で学ぶ
基礎力をつける
力を蓄えることになる

安易な近道を選ぶのではなく、
正道を極めることに価値があります！

ワンポイント

人は安易な近道を選んでしまいがちですが、その道を選ばず正道を極めることが大切なのです。

命をかけて探求するものの大切さ

子曰《しいわ》く、朝《あした》に道《みち》を聞《き》きては、夕《ゆう》べに死《し》すとも可《か》なり。

訳

先生がいわれた。朝に、正しい真実の道が聞けたら、その晩に死んでもよろしいね。

これは、覚悟を表す一文です。

朝、真実の道を知ることができれば、その夕方に死んだとしても、悔いることはないということです。

ここでいう道とは、正しい筋の通った道のこと、つまり仁へ至る道を表しているのです。

孔子にとって、仁への道が真に理解できたならば、その日に死んでもよい、といっているのです。

人生、命をかけて探求できるものをもっている、ということは

素晴らしいことです。

一生をかけて、学問の道を探求しつづけた孔子は、それだけでも尊敬に値する立派な人物だということがわかります。

『論語』には、道という言葉が、ほかにもでてきます。

先王之道、父之道、子之道など、そのもののあり方について、道という言葉で表しています。

たとえば、

子《し》曰《いわ》く、三年《さんねん》、父《ちち》の道《みち》を改《あらた》むること無《な》きを、孝《こう》と謂《い》うべし。

（先生がいわれた。父が亡くなってから三年間、そのやり方を改めないのは、孝行だといえる）などです。

日本で道といえば、茶道、華道、柔道などのほかに、武士道などがあります。

朝に正しい真実の道が聞けたら
その晩に死んでもよろしい

孔子にとって探求しつづけた
仁の道が真に理解できたとき

↓

死んでもよろしい

全人生、命をかけて探求するものを
もつ者の覚悟を表しています

ワンポイント

人生において、命をかけて探求できるものをもっている人は幸せであり、素晴らしいことです。

勉強と学問の違いとは

子《し》、子夏《しか》に謂《い》いて曰《いわ》く、女《なんじ》、君子《くんし》の儒《じゅ》と為《な》れ。小人《しょうじん》の儒《じゅ》と為《な》ることなかれ。

訳

先生が、子夏に対していわれた。子夏よ、お前は立派な学者になりなさい。ただ名誉を得るためや、名前を売るような卑しい学者にはならないように、と。

儒とは、儒教を修めた儒者の意味で、学者のことです。

孔子は、学問をする者にも、自分自身を高めて、理想的な社会をつくることを目指す君子と、自分の社会的地位や名声を高めて、利益に結びつけようとする小人がいると考えていたようです。

現代にも十分通用する考え方です。

勉強をして名の通った大学に入るのは、ほとんどがよい企業に

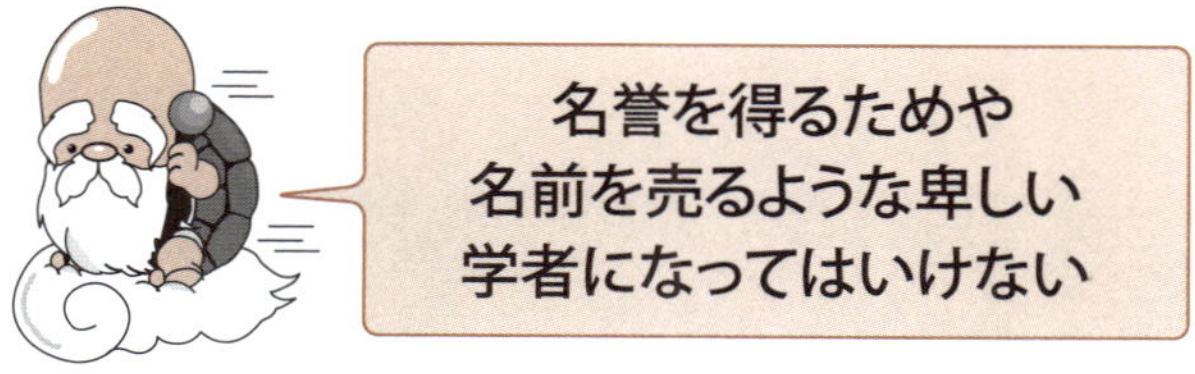
名誉を得るためや
名前を売るような卑しい
学者になってはいけない

儒

- 孔子の教え、儒教のことをいう
- 孔子を祖とする学派を儒家という
- 儒は最初「おだやか」の意味で用いられていたが、「学者」の意味にひろがった

入って、自分の経済生活を豊かにすることだけが目的になってはいないでしょうか。自分自身を高める目的で勉強をし、そのうえ学んだことを、社会をよくするために生かしている人が、今の時代にいったいどれだけいるのか疑問です。

学問が勉強になり、勉強とは就職するために有利な学校に入るための手段になり下がってしまいました。

勉強が知識を身につけるものだとしたならば、学問は学んで得た知識をもとにして、より深い思索をするところまでを含むものといえるでしょう。そして、学問をするということは、他者あるいは何かからの評価を期待するものではなく、自分自身の成長のためでなければならないのです。孔子はそのようにいっています。

孔子は学者にも君子の学者と小人の学者がいると考えた

君子の学者	小人の学者
自分自身を高めるための学問	社会的地位や名声を高める
↓	↓
理想的な社会を目指す	利益に結びつけようとする

勉強することと学問をすることは同じではないのです

ワンポイント

勉強とは知識を身につけるもので、学問とは知識をもとにより深い思索をすることです。

興味のあることを休みなくつづけること

子曰《しいわ》く、我《われ》は生《う》まれながらにしてこれを知《し》る者《もの》に非《あら》ず。古《いにしえ》を好《この》み、敏《びん》にして以《もっ》てこれを求《もと》めたる者《もの》なり。

訳

先生がいわれた。わたしは、生まれながらにして、物事をわきまえていたわけではない。昔の人の行為が素晴らしいので、それを一生懸命に学んでいるのだよ。

天才とは、生まれたときから備わっているすぐれた才能、また、そういう才能をもっている人のことをいいます。

この一文で、孔子は自分は天才などというものではないと否定しています。

ただ興味のあることを、休みなくつづけてきただけだ、ともいっています。

努力することの大切さ、休みなくつづけることの価値

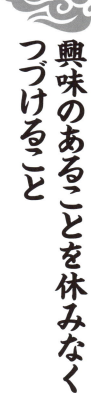

努力することの大切さ、休みなくつづけることの価値を、自分を例に挙げて語っているのです。

孔子は、思想家で学者です。思想家とは、社会や人生に対して深く思考して体系化する人のことをいいます。古典を学んだ孔子は、その学んだことを弟子たちに伝えることが、自分の使命であると考えました。

徳をもって社会を治めることを学んだ孔子は、その素晴らしさを広め、理想の社会を実現するために、政治に反映させようとしました。そのことを『論語』のなかでもいっています。

子《し》曰《いわ》く、述《の》べて作《つく》らず、信《しん》じて古《いにしえ》を好《この》む。

（先生がいわれた。わたしは古典を受けついで述べるけれど、新しいものを創ることはしない。古いものを信じて愛好するのだ）

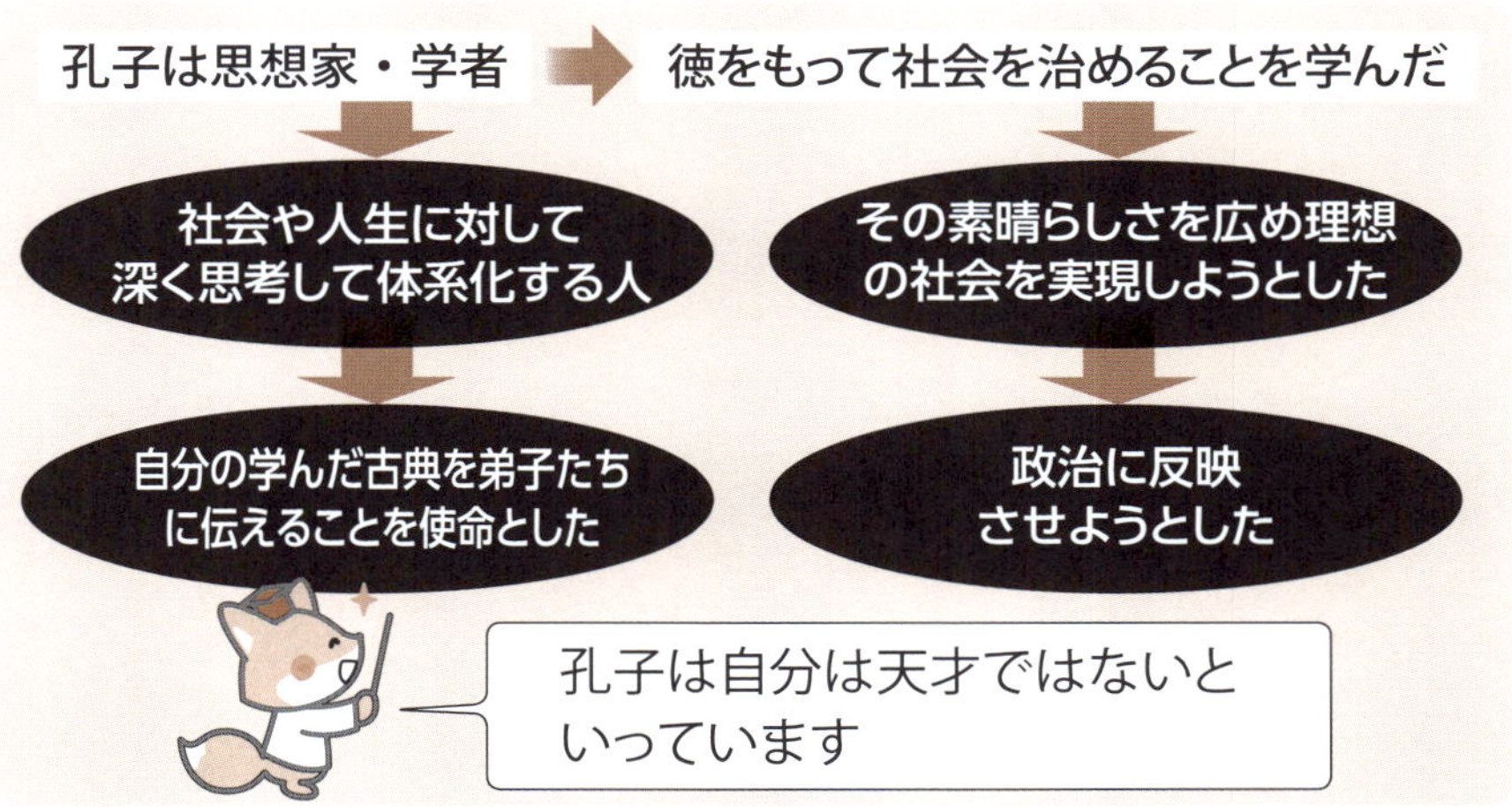
孔子は思想家・学者
徳をもって社会を治めることを学んだ
社会や人生に対して深く思考して体系化する人
その素晴らしさを広め理想の社会を実現しようとした
自分の学んだ古典を弟子たちに伝えることを使命とした
政治に反映させようとした
孔子は自分は天才ではないといっています

ワンポイント

何ごとも休まずにやりつづけることが大切なのであり、それは価値があるものなのです。

学問とは終わりのないものである

子《し》曰《いわ》く、学《がく》は及《およ》ばざるが如《ごと》くするも、猶《な》おこれを失《うしな》わんことを恐《おそ》る。

訳

先生がいわれた。学問とは追いつくことのできないものを追うようなもので、それでも追いつくことができないと恐れるようでなければならない。

学問とは、やってもやっても終わりのない深いものなので、満足するということがありません。 つまり、一生をかけて取り組んでもまだやり残しているものがある、と常に恐れるようでなければいけない、といましめているのです。

学歴を得るためや、就職のために学ぶことは、よい大学に入ることや、よい会社に入ることで目標を達成することになります。

学問とは追いつくことのできないものを追うようなものじゃ
それでも追いつくことができないと恐れるようでなければいけないのじゃ

しかし学問とは、自分自身の成長のためにするものですから、生きている限り生涯をかけて学ぶものです。

学問を志すということは、自分はまだ十分ではないと、満足することなく努力をつづけなければいけないといっているのです。

子《し》曰《いわ》く、古《いにしえ》の学者《がくしゃ》は己《おの》れの為《ため》にし、今の学《がく》者《しゃ》は人《ひと》の為《ため》にす。

昔の学者は、自分自身の修養のために学問をしたものだけれど、このごろの学者というものは、人に知られたい、名声を得たいがために学問をしているともいっています。

孔子は、学問とは自分自身が人間として成長していくためにするもので、学ぶことが名声を得たり、名誉を得るためのものであってはならない、と考えていたことがよくわかります。

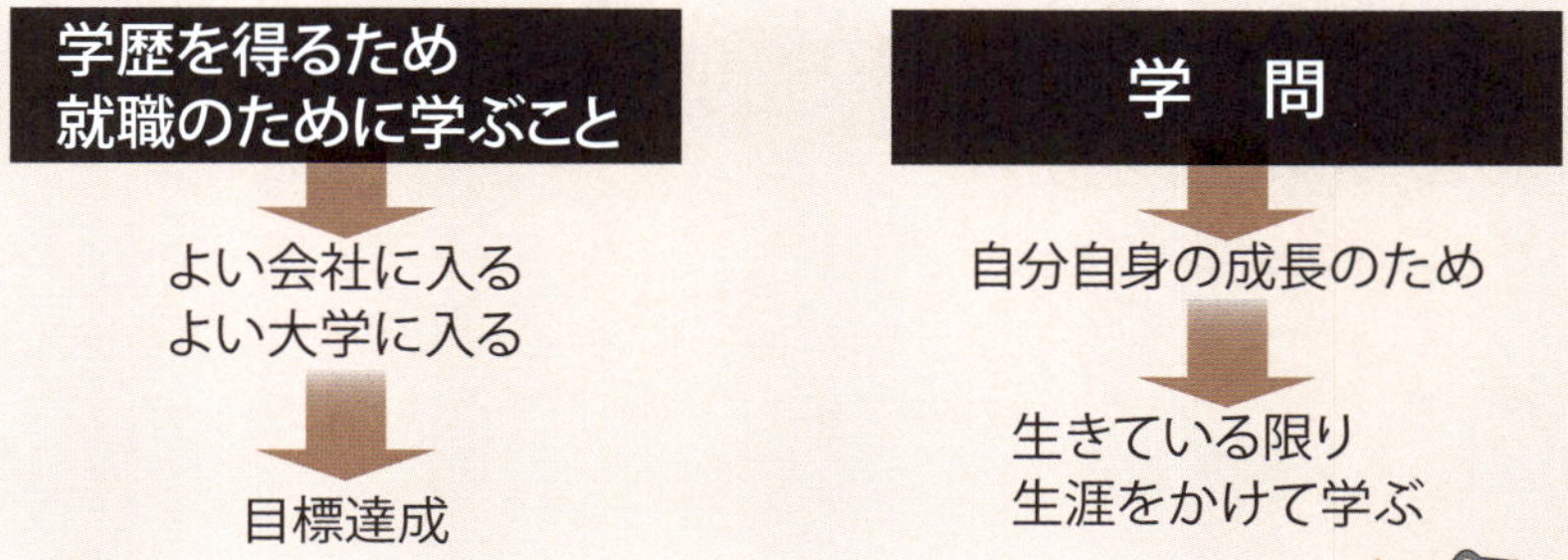

学問を志すのであれば、自分はまだ十分ではないと、常に満足することなく努力をしなければいけないと孔子は考えました

ワンポイント

学問とは自身が人として成長するためにするものであり、名声を得るためのものではありません。

教育は植物を育てることに似ている

子曰《しいわ》く、苗《なえ》にして秀《ひい》でざる者《もの》あり。秀《ひい》でて実《みの》らざる者《もの》あり。

訳

先生がいわれた。芽を出して、苗にまで成長したのに、花を咲かせることのない人がいる。花は咲いても、実のならない人がいる。とても残念である。

人間の成長を、植物の生育にたとえて、なかなか同じようにはうまく育たないことを嘆《なげ》いています。

素質はよいものをもっていても、実をつけることができないまま終わってしまう若者を見て、本人の努力がもう少し足りないと思うのと同時に、教育者としてそのような若者に力を貸して、実を結ばせてあげられないことを嘆いているのです。

孔子は、弟子の教育に際して、同じことを教えるにしても、その人物の性格をよく見て、それぞれに適した教育を施したことで有名です。

おそらく何人もの弟子を見ていて、まるで植物を育てるのと同じようだ、という実感をもっていたのでしょう。

それぞれの弟子に合った教育を心がけていても、皆が皆、実を結ぶことができないことを、教育者としての自分の責任として、孔子は自分を責めているのです。

「十で神童十五で才子、二十過ぎてはただの人」ということわざもあります。幼いころは秀才と思われた子が、成長するにしたがい、普通の人と変わらなくなってしまうことをいったもので、これも養育者（親）は、自分を責めたほうがよいのかもしれません。

孔子は人間の成長を植物の生育にたとえた

芽が出る　花が咲く　実がなる　実がならない

↓

資質がよくても実をつけることができない若者がいることは、教育をする側にも責任があると嘆きました

孔子は弟子の教育に関してその人の性格を見て、それぞれに適した教育を施しました

ワンポイント

人間は植物がそれぞれ違う育ち方をするように、育て方次第で大きく変わってしまうものです。

善いことをする人を助ける

子曰《しいわ》く、君子《くんし》は人《ひと》の美《び》を成《な》す。人《ひと》の悪《あく》を成《な》さず。小人《しょうじん》は是《こ》れに反《はん》す。

訳

先生がいわれた。君子は人が善いことをしようとしているときには、できるように助けてあげて、人が悪いことをしようとするときには、これをやめさせる。ところが小人はこれとは反対に、人が悪いことをしそうなときはそそのかし、善いことをしようとすると足を引っ張って妨害する。

君子と小人を対比している一文ですが、とてもわかりやすいものです。

学校や職場などで集団生活をしていると、何か善いことをしようとしたときに、反応がいろいろあるものです。

孔子の教育の目的のひとつ ― 君子を育成すること

↓

学問をよくして人格的にも優れた人物

君子

善いことを行おうとしている人には協力をしてあげることが大切です

「それはいいことだね」といって協力して後押しをしてくれる人がいるかと思うと、

「そんなのムダだよ。やめろ、やめろ」と足を引っ張る人がいます。

　ちょっと悪いことをしようとしても、

「やめたほうがいいよ」とやめさせようとする人、

「おもしろそう、やろうぜ、やろうぜ」とそそのかして悪い道へ誘う人。このようなところからも、君子と小人の違いが見えてきます。

　今の社会でも君子のような存在がふえれば、もう少し世の中がよく回るかもしれません。小人ばかりがふえてしまえば、暗くて希望のない社会になってしまうでしょう。

　善い世の中をつくっていくために、君子を目指して生きていくことは、現代にこそ必要な教育のひとつかもしれません。

	善いことをしようとする人	悪いことをしようとする人
君　子	協力して後押しする	やめさせようとする
小　人	そんなのムダだからとやめさせようとする	そそのかして悪い道へ誘おうとする

論語のなかでは為政者、または支配する人のことも君子といっています。君子の反対の人物として小人がいます

※為政者：政治を行う者

ワンポイント

より善い世の中をつくり上げていくには、君子のような考え方をもつ人がふえるのが理想です。

儒教が歩んできた道

中国漢の時代に、国教となった儒教でしたが、その後二千年の間、王道ばかりを歩んできたわけではありません。

紀元後三世紀を過ぎると、中国には道教（漢民族の伝統宗教で、民間宗教として現在に伝わる）が興《おこ》り、また仏教が伝わり盛んに信仰されたことなどから、儒教は古典を解釈することだけに存在の意義を見出すことに終始していたのです。

そんな儒教が、再度着目されるようになるのは、十世紀に入って北宋・南宋の時代になった頃のこと。儒教の教えに、仏教の世界観や道家の考え方を融合させた宋学《そうがく》が周敦頤《しゅうとんい》らによって始められたことからです。

その宋学をさらに進めて体系化し、朱子学として集大成したのが朱子です。

朱子学とは、宇宙を「存在としての気」と「法則としての理」と二元論的にとらえて、人間のあり方を検証しようとしたものでした。

人の心も理と気からなり、理は礼を守ることだが、気が礼を守ろうとする理を妨げるので、理を立て直すことで礼の心を取り戻すべきだと説いていたのです。

長い年月を経て、日本に伝わってきた『論語』。孔子がいいたかったことを改めて理解することは重要です。

さらに朱子学が完成する以前には、儒教では孔子が整理したといわれる、五経《ごきょう》（易経・詩経・書経・礼記・春秋）が古典の中心とされてきたのですが、朱子学では四書（大学・中庸・論語・孟子）を重んじるようになったのです。

こうして四書のなかにある『論語』は、朱子学によって再び重要視されるようになり、朱子学とともに『論語』は、李氏朝鮮また日本にも影響を与えるようになりました。

十九世紀になると、中国でもヨーロッパや日本などの干渉を受けることになります。そうなると、中国の人々のなかには、民主化・近代化を妨げる原因が儒教思想にあると、孔子批判をする者が現れるようになったのです。

わが国の場合、儒教の歴史は、国家体制の都合のよいように伝えられてきてしまいました。そのため孔子が本当に伝えたかったことが、伝わってはこなかったのかもしれません。

二十一世紀の現代、孔子の言葉は私たちに何を伝えようとしているのでしょうか。改めて、向き合ってみる必要がありそうです。

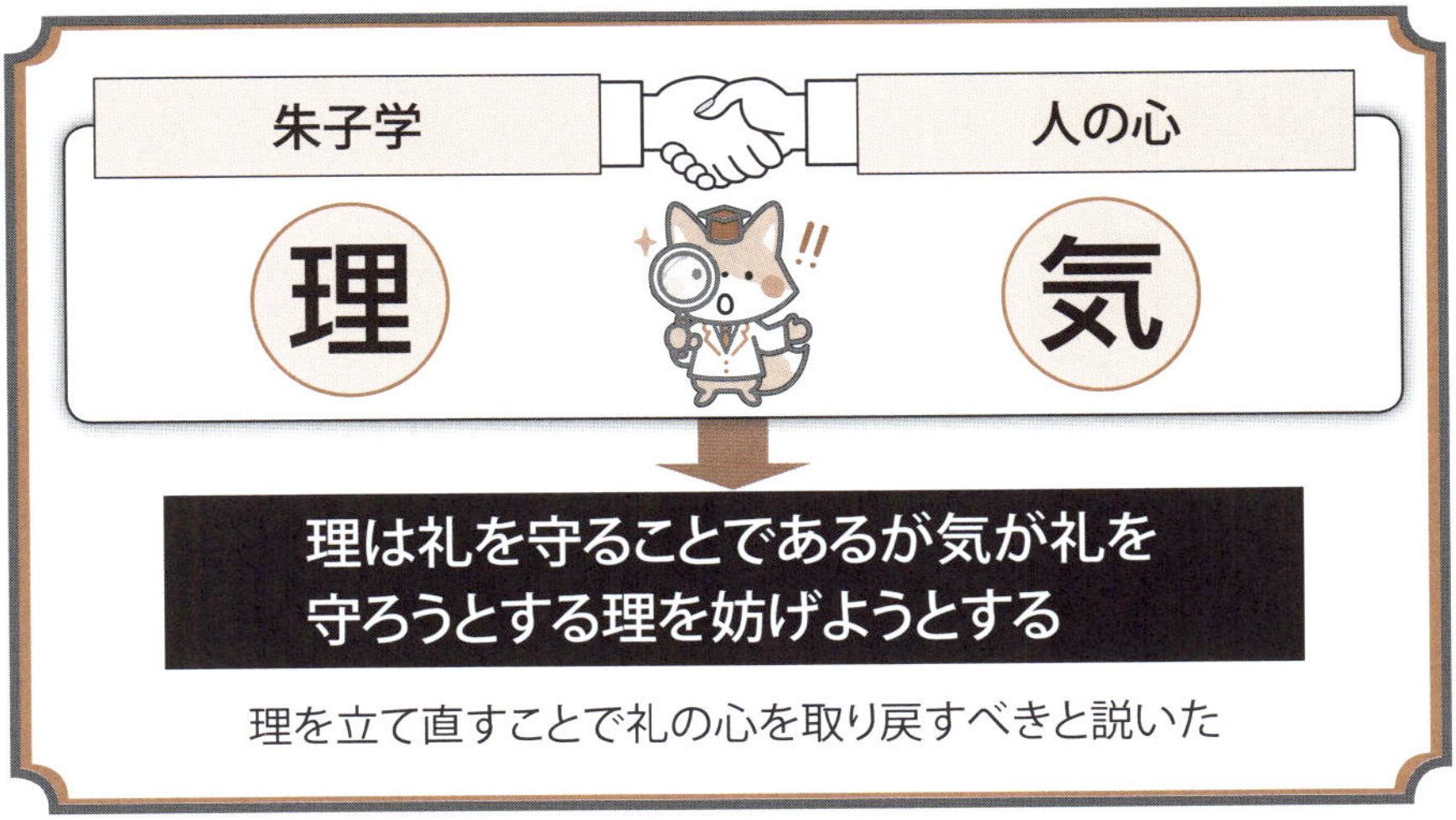
朱子学
人の心
理
気
理は礼を守ることであるが気が礼を
守ろうとする理を妨げようとする
理を立て直すことで礼の心を取り戻すべきと説いた

石の上にも三年

8

孔子の名言

子《し》曰《いわ》く、
三年《さんねん》学《まな》びて穀《こく》に至《いた》らざるは、
得《え》やすからざるのみ。

意味

先生がいわれた。三年（長い年月の意味）も学問をしながら、俸給（役人の給与）もなく、それでも学問をしている人は、得難い人である。

当時は、三年間をひとつの区切りとして学ぶことが習慣となっていたようです。そのときを過ぎると、就職口を探すために、皆奔走したようでした。官吏（役人）になって給与を得ようとするのが一般的でしたから、給与をもらうこともなく、学問をつづけている人は、奇特な人と考えられたのです。何かの目標や試験に合格するために、努力している人は、今の時代にも少ないわけではありません。何ごとも忍耐・我慢が大事なのです。

第4章

人とどう付き合うか

巧言令色《こうげんれいしょく》、鮮《すく》なし仁《じん》から学ぶこと

子曰《しいわ》く、巧言令色《こうげんれいしょく》、鮮《すく》なし仁《じん》。

訳

先生がいわれた。巧みな話しぶりで、見かけだけにこだわるような人間には、仁（人を思いやる心）は備わっていないものだ、と。

『論語』のなかでも有名な一文です。

巧みな話しぶりとは、能弁・雄弁のことです。令色とは、人あたりのよい風采《ふうさい》（見かけの容姿・服装・態度）のことをいいます。

孔子のいう仁とは、人をいつくしむ心のことで、やさしい気持ちと置きかえてもよいでしょう。つまり、言葉巧みに、体裁を整えて近寄ってくる人物に、やさしさを期待することはむずかしいということです。

自分の目的を果たすために、巧みな言葉とファッションで近づいてきているのだよ、と警告しているのです。

たしかに、**人の顔色をうかがいながら、言葉巧みに寄ってくる人というのは、寄ってくる本人に目的があるからで、寄ってこられる側には、利はないのが普通です。**

甘い言葉とやわらかな物腰で近づいてきて、最初はまるで何年も前から知っていたかのようにあれこれと口を出すのですが、自分の利とするところが得られてしまったり、あるいは得られないという結果が出ると、今度は手のひらを返したように冷たく、背を向けるといった態度に変わったりします。

高ずると詐欺的行為ともなりかねない、こんな人がいたら、十分に注意をしたほうがいいですよ、と孔子は注意をしています。

巧言令色、鮮なし仁

- **巧言** → 巧みな話しぶり
- **令色** → 人あたりのよい風采
- **鮮なし仁** → やさしさはない

巧みな話しぶりで見かけだけにこだわるような人間には、仁が備わっていません

ワンポイント

巧みな話しぶりで近づいてくる人には、近づく目的があるので充分警戒する必要があります。

剛毅木訥《ごうきぼくとつ》、仁《じん》に近《ちか》しとはどんな意味なのか

子曰《しいわ》く、剛毅木訥《ごうきぼくとつ》、仁《じん》に近《ちか》し。

訳

先生がいわれた。正直で、勇敢で、質素で誠実、寡黙《かもく》な人物は、仁に近い人だ。

この一文は、前項の巧言令色、鮮なし仁の反対の意味のことをいっています。

剛とは強い心。毅は決断力のあること。木訥（朴訥）とは飾り気がなく無口な人のことをいいます。 つまり、口下手で素朴な見かけだけれど、決断力があって、強い心をもった人物は、仁があるのだよ、ということです。

無口というのは、コミュニケーションをうまくとることが下手なために、最初は誤解されることがあるものです。

剛毅木訥の人の注意すべき点

信念を貫くことは立派なことだが
高じてしまうと強引で独裁的な強権者となる
そうならないためにはどうすべきか？

学問をすることだと孔子はいっている

子曰く、学べば即ち固ならず

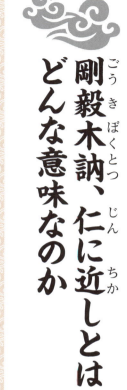

ところが時間が経つと、その人の行動が見えてきたりします。すると強い信念をもった、しっかりとした人物であることがわかるのです。一方で、孔子はこのような、剛毅木訥の人の注意するべき点についてもふれています。

それは信念を貫くことは立派なことだけれど、高じてしまうと強引で独裁的な人物になってしまうというのです。

剛《ごう》を好《この》みて学《がく》を好《この》まざれば、其《そ》の蔽《へい》や狂《きょう》（信念を貫くことを考えるのはよいが、度を過ぎると強引になり、危険な方向へ行くこともある）。信念をもつことは、精神力が強いということですが、気をつけないと頑迷固陋《がんめいころう》になってしまうのです。そうならないためには、学問をすることだといっています。

子曰《しいわ》く、学《まな》べば則《すなわ》ち固《こ》ならず。

剛毅木訥、仁に近し

- **剛** → 強い心
- **毅** → 決断力があること
- **木訥** → 無口な人
- **仁に近し** → やさしさがある

ワンポイント

信念を貫きとおすことは重要ですが、高じ過ぎてしまうと独裁的な権力者になってしまいます。

立派な人は争わないものである

子《し》曰《いわ》く、君子《くんし》は争《あらそ》う所《ところ》なし。必《かなら》ずや射《しゃ》か。揖譲《ゆうじょう》して升《のぼ》り下《くだ》り、而《しこう》して飲《の》ましむ。其《そ》の争《あらそ》いは君子《くんし》なり。

訳

先生がいわれた。君子は何事にも争わない。あるとすれば、弓道での争いだろう。射手が揖譲（両手を前で組んでするお辞儀のこと）し合って、勝者にはお酒をご馳走する。すべてにおいて礼に欠けるところはなく、この競技こそ君子らしいものだ。

君子は争いごとはしないといいます。争うものといえば弓道だけで、それも礼にかなった紳士的な競技だといっています。

『論語』には、立派な人物という意味で、聖人、賢者、君子など

ができます。

なかでも君子についての記述が多く、小人と対比させて説明をしています。

君子とは、学問をして人格が備わった人物のことで、精神的にもゆとりがあるといいます。その反対が小人です。君子は心に余裕があるので、つまらないことにはこだわらず、仮に困ったことがあったとしても、取り乱したりなどもしないのです。

そこから、争うこともしないのでしょう。

また君子は、学問と人格が備わっているので、指導的な立場に立つ者も多く、軽薄であってはなりません。

しかも、正義感と勇気をもつことが要求されるのですから、現代でいえば、さしずめスーパーマンのような存在といえはしないでしょうか。

君子は争いごとはしない

争うものといえば弓道

弓道は紳士的な競技

聖人 → 孔子が理想とした完全無欠な人

賢者 → 頭の回転が早く、処世術に長けた人

君子 → 学問と人格の面で修養を積んだ人

ワンポイント

君子とは学問により人格が備わっている人物なので、無駄な争いごとなどはけっしてしません。

過ちは人間性を表すことにつながる

子《し》曰《いわ》く、人《ひと》の過《あやま》つや、各々《おのおの》其《そ》の党《たぐい》に於《お》いてす。過《あやま》ちを観《み》て斬《ここ》に仁《じん》を知《し》る。

訳

先生がいわれた。人が犯す過ちというものは、それぞれの性格によって特徴が出る。犯した過ちと、どう始末をしたかによって、その人の人間性がわかるものだ。

『論語』には、過ちについて述べたものが、いくつかありますが、これはそのなかのひとつです。

各々其の党に、の〝党〟は所属するところを表すもので、家庭、職場、友人間、趣味の集まりなど、時と場合などを示していることになります。

所属するところで犯す過ちは、性格や人柄によって特徴がある

過ちを犯してしまったときには、その後どう始末するかが大切なのじゃ

ので、その過ちを見れば、性格や人柄がわかってしまうというのです。

たとえば君子でさえ、過ちは起こすけれど、小人のそれとはやはり内容は違ってくるものです。そしてそこから、人柄を知ることができるというのです。

過《あやま》ちては則《すなわ》ち改《あらた》むるに憚《はばか》ること勿《なか》れ。

過《あやま》ちて改《あらた》めざる、是《こ》れを過《あやま》ちと謂《い》う。

どちらも過ちについて述べたものですが、孔子は人間が過ちを犯すことを前提としてとらえています。

ただし、過ちを犯したあとで、どのように反省し、改めるかを重要視しているのでしょう。ここでもどのように始末をしたかによるとしています。犯した過ちを取り消すことはできないけれど、その後の生き方の姿勢は、改めることができるのだよ、ということです。

人が犯す過ちにはそれぞれの性格によって特徴が出てきます。その過ちをどう始末したかによってその人の人間性がわかります

過ちを取り消すことはできませんがその後に改めることができます

党 もとは同じ建物に集まる仲間を表しました。この意味からグループ、故郷、親族などの意となります

ワンポイント

人間は過ちを犯すものですが、その過ちをどのように解決するかで人間性がわかるものです。

バランスのとれた人とはどんな人か

子曰《しいわ》く、中庸《ちゅうよう》の徳《とく》たるや、其《そ》れ至《いた》れるかな。民鮮《たみすく》なきこと久《ひさ》し。

訳

先生がいわれた。中庸の道徳としての価値は、いかにも最上だね。だが、時代が移り変わり、中庸の価値がわからなくなって、人々の間から消えてしまってから久しい。嘆かわしいことだ。

中庸とは、かたよることなく、常に同じ状態にあることをいいます。中庸の人とは、わかりやすくいうと、バランスがとれた人ということです。

物事に対して、そのときの気分や感情であたるのではなく、どのようなときでも公平公正でいるというのは、なかなかむずかし

中庸 ― 儒教用語

中庸とは、かたよることなく常に同じ状態にあることをいいます

物事に関して気分や感情で対応せず、どんなときにも公平公正でいることはむずかしいものです

いものです。

孔子も中庸の人に、道を教えたいと思うのですが、中庸の人物がなかなかいない、といっています。そこで、中庸の人と付き合うことができないのならば、狂《きょう》者か狷《けん》者を相手にしたらよいというのが、孔子の教えです。

子《し》曰《いわ》く、中行《ちゅうこう》を得《え》てこれに与《くみ》せずんば、必《かなら》ずや狂狷《きょうけん》か。狂者《きょうじゃ》は進《すす》みて取《と》り、狷者《けんしゃ》は為《な》さざる所《ところ》あり（仕方がないので、私は狂者と狷者に教えることにする。狂者とは行動はないが志は高く、狷者は、知は不足しているが節義があるので、善の道を進んで、中道を行く人物とすることができるだろう）。

狂は物事に熱中すること、狷は頑固という意味です。

理想に走って、自分の意思を曲げないという意味の熟語「狂狷」は、ここからきています。

中庸である人

バランスのとれた人

道を教えたいがなかなかいない

↓

狂者と狷者に教えることにする

狂者 → 行動はともなわないが、志は高い者

狷者 → 知は不足しているが、節義がある者

ワンポイント

中庸の道は徳の最高指標です。儒学の伝統的な中心概念として尊重されてきました。

付和雷同からは何を学ぶことができるか

子曰《しいわ》く、君子《くんし》は和《わ》して同《どう》ぜず、小人《しょうじん》は同《どう》じて和《わ》せず。

訳

先生がいわれた。君子は調和するが雷同（むやみに他者に同調すること）はしない。小人は雷同するが調和はしない。

これも君子と小人についての一文です。

立派な人物というものは、道理というものをわきまえているので、誰とでも仲良くできます。しかし、自分の考えをもっているので付和雷同（しっかりした自分の意見がなく、他人の言動に同調する）はしません。

ところが、小人はというと、誰にでも同調するけれども、なかなか真の友人というものはできないというのです。

なぜなら少し仲が良くなったかと思うと、図々しくなって、相手

に対して礼を欠いた行動をとるからです。

同じような一文があります。**子曰《しいわ》く、君子《くんし》は周《しゅう》して比《ひ》せず、小人《しょうじん》は比《ひ》して周《しゅう》せず。**先生がいわれた。君子は誰とでも親しく付き合うけれど、小人は自分の気に入った人とだけしか付き合うことがない。

周は、あまねくの意味で、広く公平にということです。比は、気に入られることの意味です。**君子は、公平に誰とでも上手に付き合うものだけれど、小人は狭い価値観で派閥のようなものをつくって、姑息《こそく》（その場しのぎ、間に合わせ）な付き合い方しかできないものだといっています。**

付き合う相手が小人であった場合、何かしらトラブルが起こったり、嫌な思いをしたりということがあります。孔子の鋭い観察眼は、現代の人間関係にも通用するところです。

付和雷同 → 自分の見識がなく、ただ他の説に考えもなく同調すること（雷が鳴ると物が同時にこの響きに応じる意）

	他人と協調	自分の考え
君子	する	もっている
小人	しない	もっていない

君子は調和するが雷同はしない
小人は雷同するが調和はしない

ワンポイント

自分の見識がなく、他人の言動に対し考えもなく同調するさまを「付和雷同」といいます。

疑ってかかる人物は賢者ではない

子《し》曰《いわ》く、詐《いつわ》りを迎《むか》えず、信《しん》ぜられざるを億《おもんばか》らず、抑々《そもそも》亦《ま》た先《ま》ず覚《さと》る者《もの》は、是《こ》れ賢《けん》か。

訳

先生がいわれた。最初からだまされているのではないか、疑われはしないかと、とくに気を配っているわけではないけれど、人より先に気がつく人というのは賢い人だね。

賢者についていっています。

人より先に気がつく人、というのは先見の明のある頭の回転の速い人のことです。

だからといって、最初から、だまされるのではないかとか、嘘をついているのではないか、と疑ってかかるような人物は、賢者ではないというのです。

賢者　賢者＝人格者。頭の回転が早く処世術に長けた人

最初から疑ってかかる人は人格者ではないんじゃ

最初から疑ってかかるような人は、人格者＝賢者ではありません。

賢者とは、頭がよくて物事の裏を見通すことができて、かつ人格者でなければならないのです。『論語』のなかでは、君子についていちばん多く取りあげられています。そのほかには、聖人、聖者、仁者、知者、剛者、成人、善人などがあります（どのような人物のことをいうのかは各々のところで説明されています）。

孔子が理想とした人間像は、聖人なのですが、これは非のうちどころのない人物なので、誰でもがなれるというものではないのです。

そこで完全な聖人を目標として、修養を積む存在に君子をおいているのです。また君子との比較で出てくる小人は、修養をしないつまらない人物です。

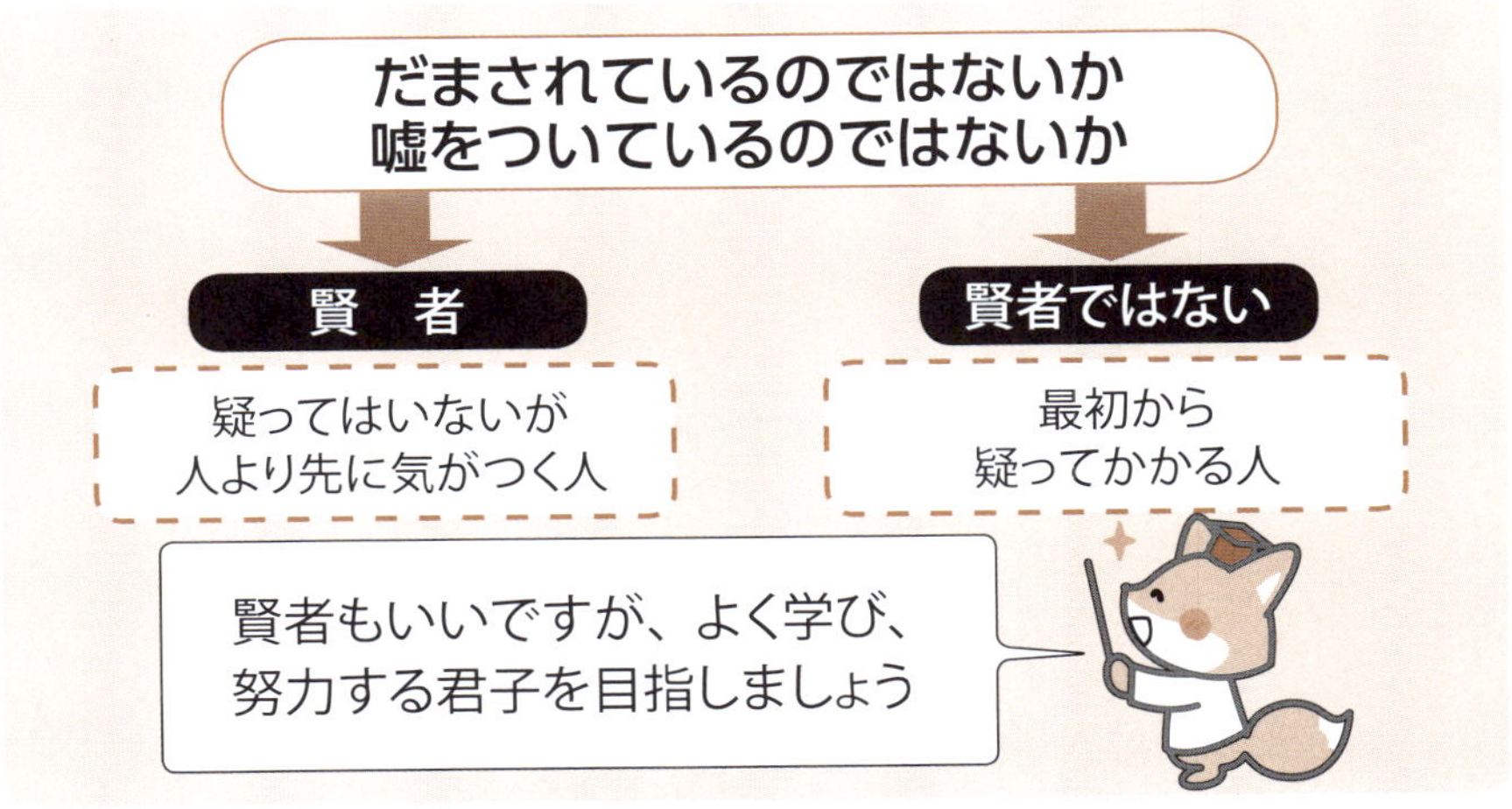
だまされているのではないか
嘘をついているのではないか
賢　者
疑ってはいないが
人より先に気がつく人
賢者ではない
最初から
疑ってかかる人
賢者もいいですが、よく学び、
努力する君子を目指しましょう

ワンポイント

孔子は頭のよい賢者より、努力をして修養を積む君子に心を傾けていたのです。

人のせいにする人は怨みを買う

子《し》曰《いわ》く、躬《み》自《みずか》ら厚《あつ》くして、薄《うす》く人《ひと》を責《せ》むれば、則《すなわ》ち怨《うら》みに遠《とお》ざかる。

訳

先生がいわれた。われとわが身を深く責め、人を責めることをあまりしなければ、怨みごとからは遠ざかるものだ。

何か事が起こったときに、すぐに人のせいにする人がいます。**事実関係をしっかり調べもしないで、ともかく人のせいにする人です。そのような人は人から怨みを買うことになるのは、いわば当たり前です。**

よくよく調べてみて、自分がうっかりと犯したミスが原因であることがわかったりすれば、それはもう怨まれるだけではなく、嫌われたり憎まれたりしても仕方がないものです。

孔子は、そのようなことも含めて、自分に厳しくといったのでしょう。別のところでも、弟子の樊遅《はんち》が徳について孔子に聞いたことに対して答えています。

（前略）、**其《そ》の悪《あく》を攻《せ》めて、人《ひと》の悪《あく》を攻《せ》むること無《な》きは、慝《とく》を修《おさ》むるに非《あら》ずや**（後略）

（自分の悪い点を責めて、他人の悪い点を責めないのが、邪悪を除くことではなかろうか）

自分の悪い点を責めるということは、他人との関係がスムーズにいくことのほかにも、自分自身にある邪悪な心が取り除かれ、徳を高めることになる、といっているのです。

人を責める前に、まずわが身を責めるという姿勢をもつことが、自身の徳を高めることになるのだ、ということは知っておくとよいでしょう。

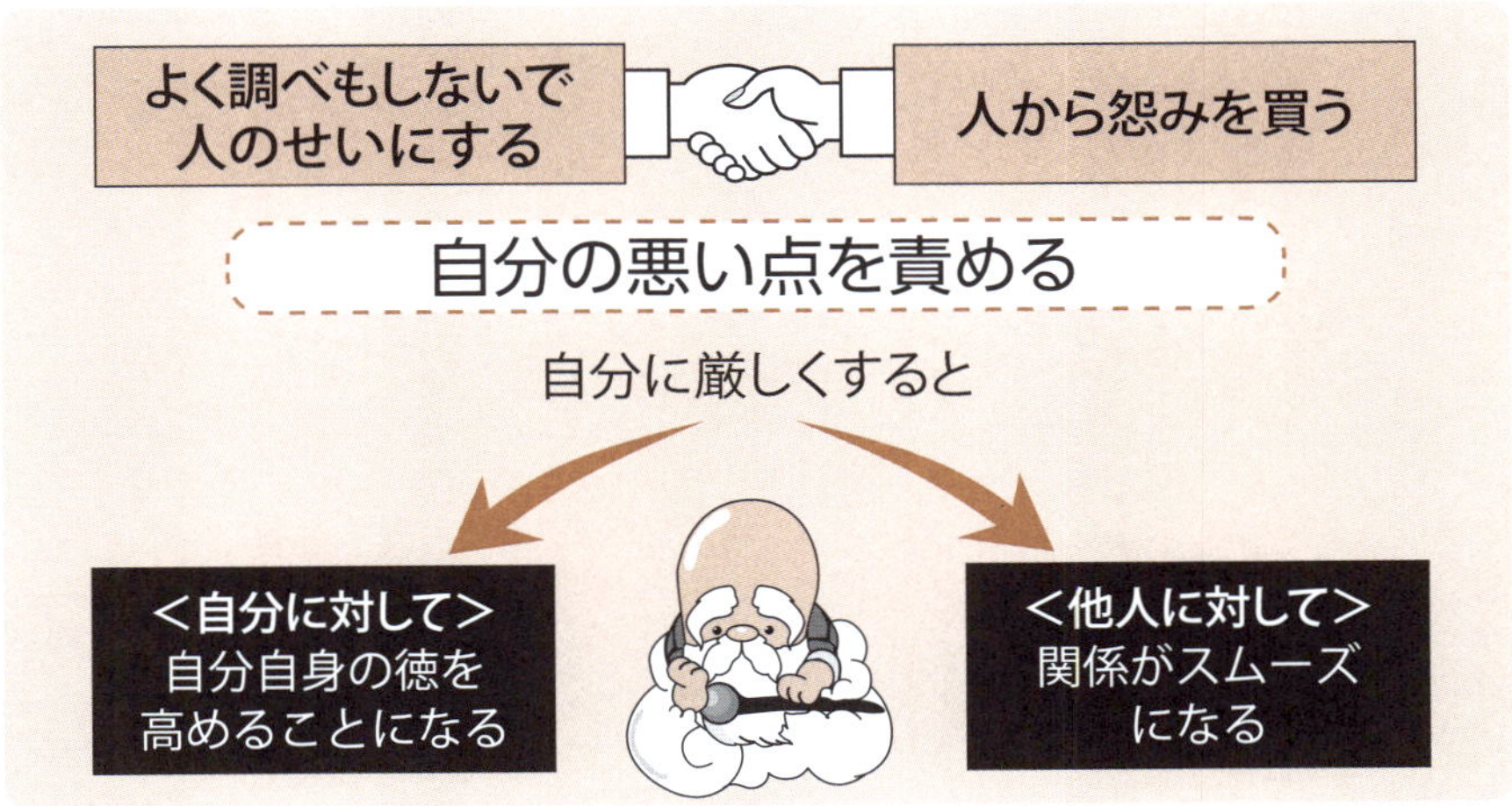

ワンポイント

何事も調べもしないで人のせいにばかりする人は、人から怨みを買う羽目になります。

孔子という人物

孔子は、紀元前五百五十二年（五五一年という説もあり）に魯《ろ》の国に生まれました。父親は、魯の国の下級武官で、母親は祈祷師《きとうし》であったといいます。孔子の姓は孔、名は丘《きゅう》、字《あざな》（元服のときにつける名前）は仲尼《ちゅうじ》、前四百七十九年まで生きたということですから、七十四歳。当時としては稀《まれ》にみる長寿であったようです。

学問に優れていたことは勿論ですが、武術にも精通している文武両道の人であったと記録が残されています。十九歳で結婚をし、鯉《り》と名付けられた子供がいましたが、孔子より先に五十歳で亡くなっています。

妻の名はわからず、略歴なども残されていないため、孔子といつまで過ごしたのか、別れたのかについての記録もありません。

家族主義を唱えた孔子ではありましたが、自分の家族についてはけっして恵まれていたとはいえないもののようでした。

若い頃には下級役人であったという説もありますが、はっきりせずともかく不

孔子の身長は日本尺で約９尺６寸という記録があります。メートルに直すと約２メートルとなり、かなりの大男です。

遇の時代が長くつづいていたようです。

孔子の三十代は、各地方を遊説《ゆうぜい》して歩いていた頃で、すでに数人の弟子らしき者もいたようです。

弟子をとって本格的に教育をするようになったのが四十代で、世の中に少し認められるようになったのが五十代ということですから、長寿の現代でも遅咲きなうえに、さらに遅い晩成型といってよいでしょう。

五十三歳のときには、魯の司法官のような役職にも就きましたが、国政に失望してしまい、十数年の間流浪の生活を送ったりもしています。

こうした一生を送った孔子の人生の中心にあったのは、学問であることは間違いのないところですが、常に人間形成をするべきと考え、自ら真心からの他人への思いやりを心がけていました。『論語』は、孔子の人間性がそのまま表現されているといってもよいでしょう。一冊を読み終える頃には、心のなかがふっと温かくなったような気さえします。

やさしくて、適切な言葉が余韻となって残ります。

▲湯島聖堂にある孔子像

＜孔子＞

- 生誕　紀元前552年
- 死没　紀元前479年
- 時代　中国 春秋時代
- 出身地　魯

父親は魯の国の下級武官であり
母親は祈祷師であったといわれています

孔子の子孫で著名な人物に子思（孔子の孫）、孔安国（11世孫）、孔融（20世孫）などがいます。孔子の子孫と称する者は数多く、直系でなければ現在400万人を超すというのですから驚きです

人柄を知るためにみるところ

9

孔子の名言

子《し》曰《いわ》く、其《そ》の以《な》す所《ところ》を視《み》、
其《そ》の由《よ》る所《ところ》を観《み》、其《そ》の安《やす》んずる所《ところ》を察《さっ》すれば、
人《ひと》焉《いずく》んぞ廋《かく》さんや、人《ひと》焉《いずく》んぞ廋《かく》さんや。

意味

先生がいわれた。その人のふるまいを見てその人の経歴をよく知って、その人の落ち着くところがどこなのかを知ったならば、その人の人格というものは、隠しておくことはできない、隠しておくことはできないものだよ。

何かの機会で知り合ったあと、その人物と付き合うかどうかを判断するときなどに、相手の人柄をよく見なければわかりません。視・観・察と、いずれも見るという意味の文字を三回も使って、人をよく見なさいといっています。最初にその人の行動を、次に生まれてからの経歴をよく見て、そしてどのようなことが心を落ち着けることなのか、そうしたことをよく考えると、その人の人柄というものはわかってしまうというのです。

知るということ 10

孔子の名言

子《し》曰《いわ》く、由《ゆう》よ、女《なんじ》にこれを知《し》ることを誨《おし》えんか。
これを知《し》るをこれを知《し》ると為《な》し、知《し》らざるを知《し》らずと為《な》せ。
是《こ》れ知るなり。

意味

先生がいわれた。由よ、おまえに知るということを教えよう。知っていることは知っていることとして、知らないことは知らないということだ。これが本当に知るということなのだよ。

由（孔子の弟子の子路のこと）は、孔子がもっとも愛したといわれる弟子です。その由にやさしく語りかけています。とかく人は知らないことを知ったふりをして見栄を張りたがるものです。知らないことは知らない、と素直に認めてしまえば、気は楽だし、正直な人ということで、人から信用されたりもします。本当にものを知っているということは、知らないことは知らないと認めてしまうことだよ、と孔子はいっているのです。

人が三人集まれば師がいる

11

孔子の名言

子《し》曰《いわ》く、我《わ》れ三人《さんにん》行《おこな》えば、必《かなら》ず師《し》を得《う》。
其《そ》の善《よ》き者《もの》を択《えら》びてこれに従《したが》う。
其《そ》の善《よ》からざる者《もの》にしてこれを改《あらた》む。

意味

先生がいわれた。三人で行動を共にすれば、そこに必ず師となる人がいる。善なる人を選んでよいところを手本として、不善なる人からは、わが身を振り返り不善とならないように改めることだ。

人が三人集まれば師がいる——人が三人集まると、そのなかには師となるような人がいて手本にすべきだといいます。反対に反面教師となるような人もいるので、自分の生き方の参考にするとよいというのです。人が何人集まっても、たださわぐだけでは烏合《うごう》の衆でしかありません。どこにいても、何をしていても、学ぶ気持ちがあれば人は学ぶことができるのだよ、と孔子はいっているようです。

第5章

政治というもの

正義を頼りに柔軟な対応で

子曰《しいわ》く、君子《くんし》の天下《てんか》に於《お》けるや、適《てき》なく、莫《ばく》なし。義《ぎ》にこれ与《とも》に比《した》しむ。

訳

先生がいわれた。君子が天下のことに対するには、さからうこともなければ、愛着するということもない。ただ義に合うかどうかを見極めて親しんでいくだけである。

義は正しい道理という意味をもつ文字です。正義と同じと考えてよいでしょう。

政治を行うには、反発をしたり固執したりといった、個人的な感情を表面に出すことなく、臨機応変に対応する能力が必要とされるというのです。物事にこだわると、公平な判断ができないことから、正義だけを頼りに柔軟な対応を心がけることをよいとし

政治家には臨機応変に対応する能力が必要なのじゃ
物事にあまりこだわるなということですね

ています。

　たしかに政治を行う際に、何らかの思い入れがあると、偏向した公平ではない判断につながってしまう懸念が生じてきます。

　為政者には柔軟な頭と心を備え、臨機応変な判断力をもった人物が適しているということでしょう。

　別の章には、**「子、四《し》を絶つ。意なく、必なく、固なし、我なし」**という文があります。

　孔子には、人によくある四つの問題点がなかったというのです（それは意地を張ること、無理をすること、こだわること、我を主張することです）。

　あるがままを受け入れて、私利私欲とは縁のない、高潔な人柄の孔子から見たら、現在の為政者は一体どのように映るものか、たずねてみたいところです。

孔子には人によくある四つの問題点がなかった

意 → 億の字と同じ
こちらが気を回して相手の考えを憶測する
意地を張ることの意味

必 → 物事をやりぬくこと
言葉は必ず真実であり、行動は必ずなし遂げるの
必の意味から無理をすること

固 → 頑固のこと。こだわること
ある事は絶対にしない、受け入れないの意
頑固に自分を守ることを意味する

我 → 自己中心、わがまま
自分の思い通りに行動すること
我を主張すること

ワンポイント

政治とは正義だけを頼りにし、けっしてかたよることのない柔軟な対応をとることが大切です。

由《よ》らしむべし、知らしむべからず

子曰《しいわ》く、民《たみ》はこれに由《よ》らしむべし、これを知らしむべからず。

訳

先生がいわれた。民は従わせることはできるが、その理由を知らせることはできない。

よく問題となる一文です。

一般的には、民には政策や方針に従わせておくだけでよく、その理由についてまで説明することはない。というふうに使われていますが、この解釈からすると、民を愚かな者ととらえていることになります。**政策は、指導的立場にあるものだけが理解をしていればよいとする考え方は、封建的な発想です。**

国民は政治方針
政策を理解する
必要がある
政策の内容を理解
したうえで従う
べきだが現実には
むずかしい

しかしこの解釈は、間違いだと考えられるようになりました。

知らしむべからず、の表現について知らせてはならないとはいってはいません。知らせるのはむずかしい、という意味で使われているというのです。

国民は、政治方針、政策などの内容を理解したうえで、従うべきなのですが、現実には政治の内容を知らせるのはむずかしい。

このように解釈するのが、『論語』での本来の主張ではないかというのです。さらに、強制をすることはいけないとつけ加える場合もあります。現代に合わせて考えてみると、政治の内容がどうなっているのか、理解できなければ、方針や政策に従うことは、むしろできないのではないかと思うのですが、これは時代の違いからくるものなのかもしれません。

解釈の仕方が問題となる点

民を愚かな者ととらえると（封建的な解釈）

↓

民には政策や方針に従わせておくだけでよい
理由まで説明することはない

〈論語本来の主張〉民は政策や方針などの内容を理解したうえで従うべきなのだが、現実には政治の内容を知らせるのはむずかしい

ワンポイント

民には政策について説明すべきですが、現実にはその内容を知らせることは難しいものです。

訴訟のない社会は理想的な社会

子曰《しいわ》く、訟《うった》えを聴《き》くことは、吾《わ》れ猶《な》お人《ひと》のごときなり。必《かなら》ずや訟《うった》え無《な》からしめんか。

訳

先生がいわれた。人の訴えを聞いて、その判断をすることは、わたしも他の人と同じである。しかしわたしはその前に、訴えなどがないようにしてしまうのだが。

孔子は司法の長官であったことがありました。

おそらく法廷で裁判の様子を見ていただろう孔子は、判決を下すことについては、自分には他の者と変わるような、特別な才能はないと考えたのでしょう。

しかし孔子は、**自分ならば訴訟がないような社会をつくりたいといっているのです。**

犯罪が社会のあり方と無関係ではないことに気づいていた、孔子らしい発言といえます。

孔子は、人間は生まれたときは皆同じ、と考えていましたから、その後の学問や教育によって人間に大きな差がでるところから、教育に力を入れたいと考えたのでしょう。一人ひとりの人間が善くなれば、社会全体の治安もよくなり、犯罪や訴訟もなくなるのは当然です。

対処法ばかりに尽力するのではなく、原理原則から変えていく方法です。

為政者は、裁くことを考えるのではなく、裁く必要のない社会をつくることを目指して政治を行う。この姿勢は、今日の政治にかかわる人たちにも、大いにみならってもらいたいところです。

法廷で裁判の様子を見ていただろう孔子は、判決に際しては、特別な才能があるとは思いませんでした

しかし

孔子は訴訟のない社会をつくりたいと考えた

孔子は学問や教育に力を入れれば、一人ひとりの人間が善くなって社会全体の治安もよくなると考えていました

ワンポイント

孔子の考える理想の国の姿とは、人が人を裁くことのない社会をつくり上げることなのです。

盗賊のことを憂《うれ》えるから学べること

季康子《きこうし》、盗《とう》を患《うれ》えて孔子《こうし》に問《と》う。孔子《こうし》対《こた》えて曰《いわ》く、苟《いやしく》も子《こ》の不欲《ふよく》ならば、これを賞《しょう》すと雖《いえ》ども竊《ぬす》まず。

訳

季康子が（国内の）盗賊のことを心配して孔子にたずねた。孔子はいわれた。もしあなたが無欲であるなら、民もそれに感化されて、たとえ泥棒に褒美をやったとしても、（誰も）盗みをすることはなくなるだろう。

季康子（魯の大夫）は、孔子の門人の冉求《ぜんゆう》、子貢、子路などを任用しています。孔子にも何度か質問をしているのですが、そのなかのひとつです。

季康子は父の季桓子の後を継いで、魯の大夫になったのですが、

魯国の政権を盗んだ人物 → 盗賊のことを心配している

↑

あなたが無欲であることが大切

為政者が正しいことを率先して行えば民から盗賊が出るようなことはなくなると孔子がいったのです

季の一族が魯国を奪い取ったといわれている家系なのです。

魯国の政権を盗んだ人物が、盗賊のことを憂《うれ》えているので、孔子は厳しくいっているのです。結局、**上に立つ者が盗っ人だと、下の者にも盗っ人がふえるのだよということです。**

孔子の考え方は、政治をよくするためには、上に立つ者＝為政者が率先して正しいことを実践すること。それが下に従うものを感化して国をよくするというのです。何事につけても、範を示すことで、治安はよくなると考えたのです。また、中国人の考える理想の政治とは、命令や要請をことさらにしなくても、**為政者が正しいことをすれば、自ずと民が正しい方向へ向かって、社会全体がよくなっていくというものです。**

上に立つ者が盗っ人である

↓

下の者にも盗っ人がふえてしまう

政治をよくするためには上に立つ者＝為政者が率先して正しい行いを実践することが下に従う者を感化して国をよくすると孔子は考えました

何事につけても範を示すと治安はよくなります

ワンポイント

人として正しいことをする人がふえれば、社会全体がよい方向へ向いていくものです。

自分で判断することの大切さを知る

子曰《しいわ》く、衆《しゅう》これを悪《にく》むも必《かなら》ず察《さっ》し、衆《しゅう》これを好《この》むも必《かなら》ず察《さっ》す。

訳

先生がいわれた。大衆に嫌われている人といっても、どのような理由から嫌われているのか、判断しなければいけない。同じように大衆に人気のある人でも、ただ迎合されているだけかもしれないので、判断しなければいけない。

どういうわけか、これといった特別な理由というものがないのに、あまり好かれない政治家がいます。

だからといって、根拠もはっきりしないのに、皆が嫌っているから自分も嫌いだ、ということではよくありません。

反対に、多くの人に好かれている政治家がいたら、皆が好きと

どうして嫌われているかを判断しなければダメじゃよ

いうからきっと善い人に違いない、という判断もよろしくないというのです。

ポピュリズム（民衆主義）では、政治目的を達成するために、民衆を動員する手法も必要で、口さきだけの政治家というのはけっこう人気があるものです。

代表民主制では、どのような政治家を選ぶのかは、それぞれ個人の判断によっています。誰かが善い政治家だといったからと判断するのではなく、自分で納得のいく、立派だと思われる政治家を選ぶ目をもつことが重要なことです。

立派な政治家とは、口がうまい人ではないはずです。口の上手な人は、人気はあります。しかし真に立派な政治家は、その行動が立派でなければいけません。

大衆が好きという政治家

大衆が嫌いという政治家

どちらが立派な政治家か？

大衆に迎合する口さきだけの政治家がけっこう人気があったりします

しかし

人気のある理由、人気のない理由を考え、自分で納得し、選ぶ目をもつことが大切です

ワンポイント

口がうまい人が善い政治家とは限りません。真の政治家とは行動が立派でなければいけません。

論語ちょっといい話 5

渋沢栄一の『論語と算盤』

1840（天保11）年に、現在の埼玉県深谷市に生まれた渋沢栄一は、日本資本主義の父といわれる実業家です。生涯に関わった企業の数は、500にもなるといいます。

渋沢は、1916（大正15）年に『論語と算盤』を著しています。一方の手に『論語』、もう一方には算盤、つまり事業は道徳・倫理を携《たずさ》えて行うべきと提唱したのです。事業の目的は利益を上げることにほかならないのですが、何がなんでも利益を上げればよいという考え方に警鐘《けいしょう》を鳴らしました。

当時金銭を扱うことは、下品であるとか、賤《いや》しいことであると、一般的に考えられていました。それというのも、金銭に目がくらむと道徳や倫理観を喪失し、つまらない罪を犯してしまう者がいたからです。

そのためにお金に執着するのは賤しいと、軽蔑の対象となっていました。これは日本だけではなく、西欧諸国においても同様です。

そのような時代にあって、一生の仕事として事業を選んだ渋沢ですが、経済活

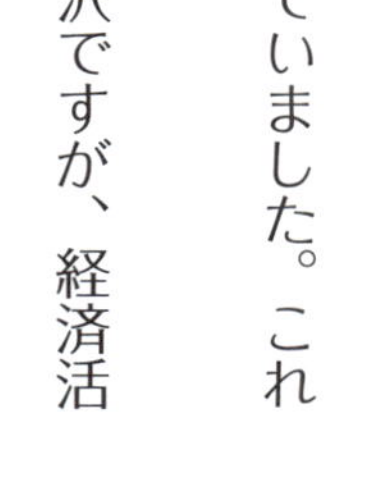

経済哲学として「人はどのようにして生きるべきか、事業と取り組むべきか」と渋沢栄一は説いています。

動は私利・私欲のためではなく、社会や国家のためになることを行わなければならないという信念で取り組んだのです。

『論語と算盤』では、経済と道徳は相反することなく一致する、という道徳経済合一説を説き、事業のあり方を提示しました。

明治時代、まだ経済あるいは事業といったものについて、認知や浸透がされていない頃に、渋沢は資本主義の抱える問題にまで思いをめぐらせていたとも思える内容です。

『論語と算盤』は、全10章から構成されています。

第1章　処世と信条　　第6章　人格と修養
第2章　立志と学問　　第7章　算盤と権利
第3章　常識と習慣　　第8章　実業と士道
第4章　仁義と富貴　　第9章　教育と情誼
第5章　理想と迷信　　第10章　成敗と運命

経済活動、事業を起こすことはできても、末永くつづけていくことができるかどうかは、単なる経済だけの問題ではありません。企業の根本的な成功の秘訣を、「人のあり方」として考えているところは、現代にも十分に通用するでしょう。

渋沢栄一（しぶさわ えいいち）

- 生誕　1840年3月16日
- 死没　1931年11月11日（満91歳）
- 出身　武蔵国榛沢郡血洗島村（現在の埼玉県深谷市）

1916（大正5）年に『論語と算盤』を著し、「道徳経済合一説」という理念を打ち出しました。これは幼少期に学んだ『論語』を拠り所に倫理と利益の両立を掲げ、経済を発展させ、利益を独占するのではなく、国全体を豊かにするために富は全体で共有するものとして、社会に還元することを説きました。

孔子の名言

正直に生きることは、人の本能

12

子《し》曰《いわ》く、
人《ひと》の生《い》くるや直《なお》し、これを罔《し》いて生《い》くるは、
幸《さいわ》いにして免《まぬが》るるなり。

意味

先生がいわれた。人が生きていくのには、道理がある。道理とは、正直でまっすぐであることだ。もしも正直で、まっすぐに生きていない人がいたら、ただ運がよくてたまたま助かっているだけのことである。

人が生きるうえで、正直に生きることが大切であることを説いています。孔子は、人間は本来正直に生まれてくるのですが、その後の学習や生き方の違いによって、人生が大きく変わっていくものといっています。子《し》の曰《いわ》く。性《せい》、相《あ》い近《ちか》し。習《なら》えば、相《あ》い遠《とお》し。（先生がいわれた。人は生まれたときは、皆似かよっているが、その後の学習によって大きく違いがでてくる）。よい人生を歩んでいくためには、学ぶことが大切なのです。

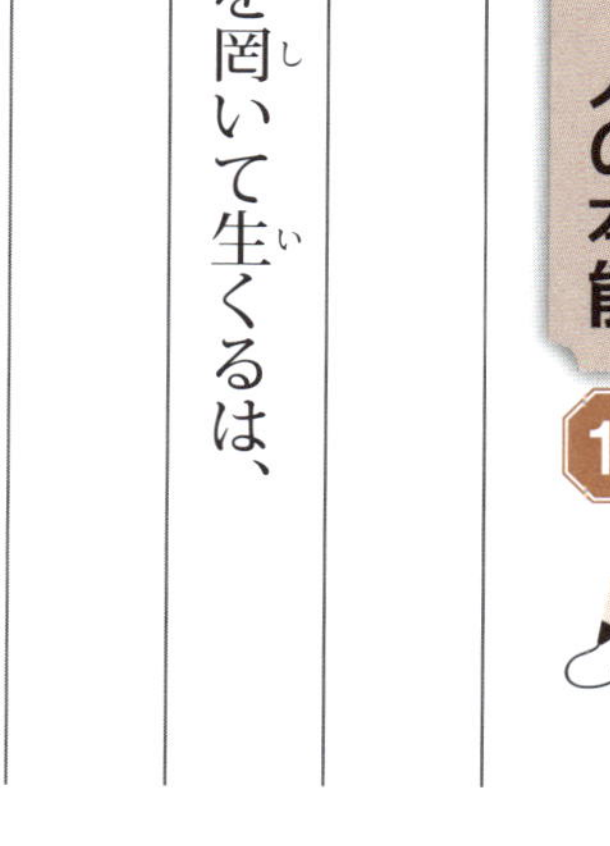

第6章

心を込めるということ

礼儀作法は心を込めて行うべき

子曰《しいわ》く、人《ひと》にして仁《じん》ならずんば、礼《れい》を如何《いかん》。人《ひと》にして仁《じん》ならずんば、楽《らく》を如何《いかん》。

訳

先生がいわれた。人として相手を思いやる心がなければ、それは礼儀をどうこういうことにはならない。人として相手を思いやる心がなければ、調和するということが欠けているのだから礼楽とはいわない。

礼は礼儀作法のこと、楽は礼に合わせて奏でる音楽のことです。**礼も楽も、孔子が弟子たちに指導をしているものですが、どちらも形だけになってしまって、相手を思いやる気持ちがなければ、意味がないことをいっています。**

どのように立ち居振る舞いがきちんとできた礼であっても、技

礼 → 礼儀作法のこと

楽 → 礼に合わせて奏でる音楽

礼・楽は形だけになってはいけない

人として相手を思いやる心がなければ礼楽とはいえません

心を込めるということ

術的に優れた楽であっても、形式だけではだめなのです。

人を思いやる心、仁があってこそだというのです。

『論語』のなかには仁が、繰り返し取りあげられています。なぜなら、孔子は**仁を人格形成の基本と考えていたためです**。人をいつくしむ心を学んだうえで、学問をすることを説いたのです。

礼は、社会的習慣としての礼儀作法と考えればよいのですが、**礼儀でさえ仁を込めて学ぶことを教えています**。

現代の子どもたちに教えるべきことは、勉強より前に、人を思いやる心や礼儀作法なのかもしれません。親が子どもを教育するためにも、大いに役立つ孔子の教えのひとつといえるでしょう。

孔子は仁と礼を重んじていた

他者を思いやる心 → 円滑な人間関係

	形式	精神
礼	形動	人を思いやる仁の精神
楽	音楽の約束ごと	演奏者の心

ワンポイント

礼儀作法は形式だけにとらわれてはいけません。心を込めた作法でなければ意味がありません。

親を思う心を忘れてはいけない

子《し》曰《いわ》く、父母《ふぼ》の年《とし》は知《し》らざるべからず。一《いっ》は則《すなわ》ち以《もっ》て喜《よろこ》び、一《いっ》は則《すなわ》ち以《もっ》て懼《おそ》る。

訳

先生がいわれた。人は、両親の年齢は知っておかなければいけない。ひとつには長寿で元気なのを喜び、もうひとつは、老い先を気づかうためである。

年老いた親と、離れて暮らしている者には胸に浸みる一文ではないでしょうか。毎年必ずやってくる親の誕生日には、もうこんな年になったのか、もうあと何年元気でいてくれるのだろうか、と考えるのではないでしょうか。

別のところで、孔子は弟子たちから孝（孝行）について聞かれ、それぞれに答えています。

親に対し尊敬する心は大切です

心を込めるということ

孟武伯《もうぶはく》、孝《こう》を問《と》う。子曰《しいわ》く、父母《ふぼ》には唯《た》だ其《そ》の疾《やまい》をこれ憂《うれ》えしめよ（父母には、ただ自分の病気のことだけを心配させるようにしなさい）。

子游《しゆう》、孝《こう》を問《と》う。子曰《しいわ》く、今《いま》の孝《こう》は是《こ》れ能《よ》く養《やし》なうを謂《い》う。犬馬《けんば》に至《いた》るまで皆《みな》、能《よ》く養《やし》なうこと有《あ》り。敬《けい》せずんば何《なに》を以《もっ》て別《わか》たん（今の世の中の孝といえば、ただ衣食住の心配をかけずに養なうことをさしているけれども、それでは犬や馬でも同じだ。尊敬する心がないならば孝と養とどう違うのだろうか）。

孔子自身は、三歳のときに父親を亡くしています。母親は、孔子が二十四歳のときに亡くなっています。

若くして両親を亡くしている孔子の心境にしっくりくるのは、孝行のしたいときには親はなし、のことわざかもしれません。

父母には、ただ自分の病気のことだけを心配させるようにしなさい

↓

世の中の孝といえば、ただ衣食住の心配をかけずに養うことをさしているけれど尊敬する心がなければ犬や馬と同じだよ

孔子の心境に合っていることわざ

孝行のしたいときには親はなし

ワンポイント

若くして両親を失ってしまった孔子だからこそ、親のありがたみに対しての気持ちが強いのです。

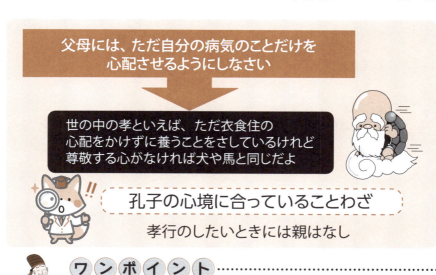

智・仁とは我々に何を教えているのか

樊遅《はんち》、知《ち》を問《と》う。子曰《しいわ》く、民《たみ》の義《ぎ》を務《つと》め、鬼神《きしん》を敬《けい》してこれを遠《とお》ざく、知《ち》と謂《い》うべし。仁《じん》を問《と》う。曰《いわ》く、仁《じん》者《しゃ》は難《かた》きを先《さき》にして獲《と》るを後《あと》にす。仁《じん》と謂《い》うべし。

訳

樊遅が、智についてたずねた。先生はいわれた。人としての正しい道に務め、鬼神を敬いはするけれども神頼みをしなかったならば、それが智というものだよと。さらに樊遅は仁とは、どのようなことかをたずねた。孔子は、仁者というものは私欲がないから、最初に行うのにむずかしい義務をやり遂げ、利益を得るということを後回しにする。これならば仁ということができると答えた。

智とは人として正しい道を努め鬼神を敬いはするが神頼みはしないことじゃ。仁とは最初はむずかしい義務をやり遂げ利益を後回しにすることじゃ

ここでも孔子は、**鬼神（魂とか神とかよくわからないもの）**の

心を込めるということ

世界のことは、尊敬はするけれども追究することをしないことが、智であると述べています。「鬼神を敬して、これを遠ざける」は、この部分だけで有名です。

つまり、神頼みのようなことはしないということです。シャーマニズムなどともかかわらず、孔子は合理的な考え方のもち主であることがわかります。

仁については、ほかのところで同じく樊遅がたずねたのに答えて、人を愛すると、簡単明瞭にいっているところがあります。

相手に合わせて答える孔子でしたから、少し鈍い樊遅には、わかりやすくこのようにいったのでしょう。

ここでは、**困難と思われることに先に取り組んで、利益や名声を得ることなどは後回しにすることを、仁だよと教えています。**

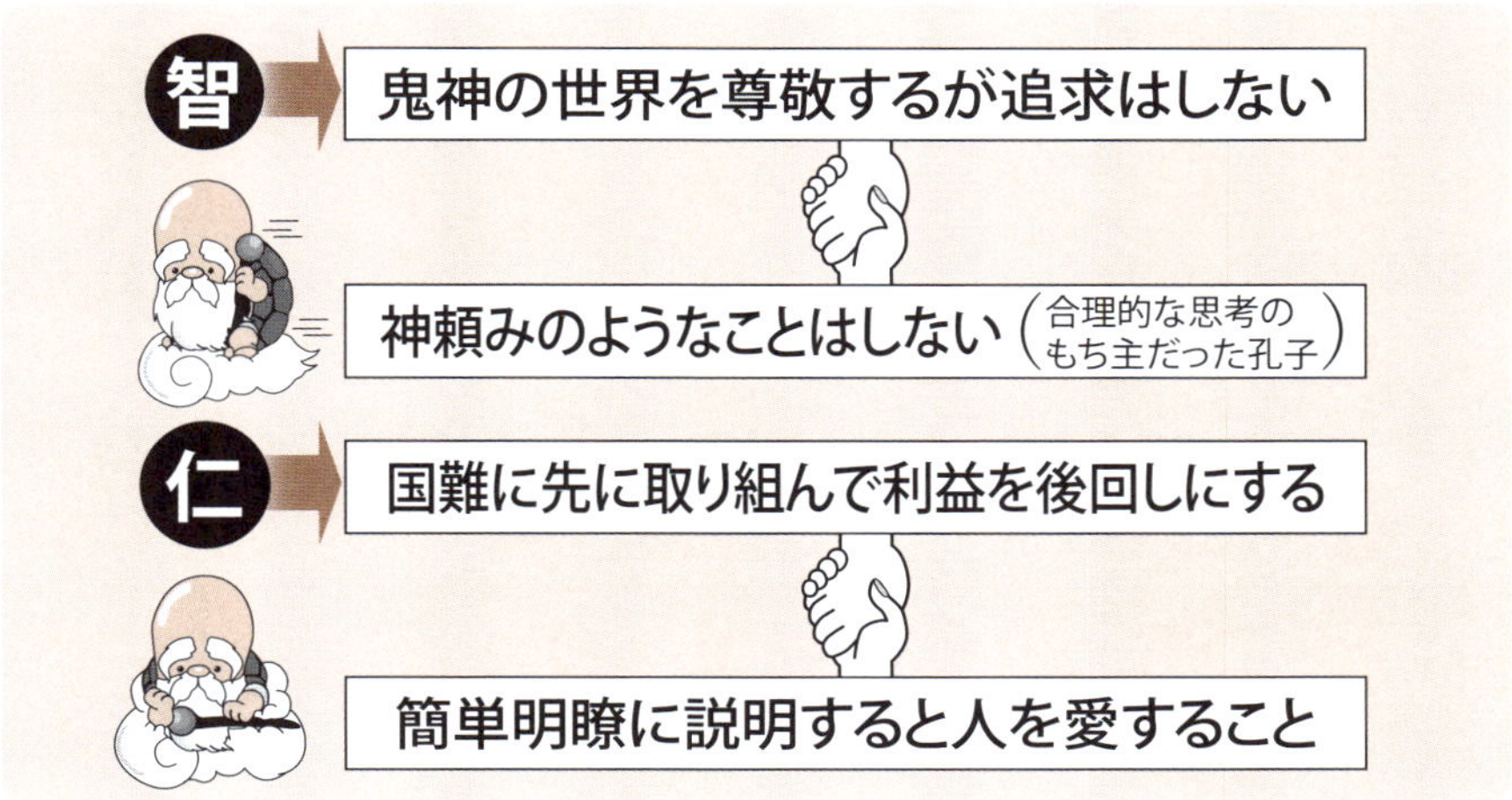

智
鬼神の世界を尊敬するが追求はしない
神頼みのようなことはしない（合理的な思考のもち主だった孔子）
仁
国難に先に取り組んで利益を後回しにする
簡単明瞭に説明すると人を愛すること

ワンポイント

孔子は合理的な考え方のもち主だからこそ、神頼みのようなことはしませんでした。

心のもち方で変わる人生

子曰《しいわ》く、君子《くんし》は坦《たいら》かに蕩蕩《とうとう》たり。小人《しょうじん》は長《とこし》えに戚戚《せきせき》たり。

訳

先生がいわれた。君子は平安でのびのびしているが、小人はいつでもくよくよしている。

蕩蕩はおだやかでゆっくりしている様子のことです。戚戚は、憂い悩む様子のことです。

修養を積んだ人は、心ができていて、細かい利害や得失などに気をわずらわすことがないので、ゆったりと構えています。

心の修養をしていない人というのは、些細な利益のことや損失のことに、いつも心を奪われているから、くよくよ、こせこせしているものだというのです。

小人

いつでもくよくよしている

君子

おだやかでゆったりしている

修養を積むと感じ方が変わってくる

多くの人たちは小人ではなく君子になりたいと思っている

心を込めるということ

同じものを見ても、幸せと感じるか不幸と感じるかは、人によってそれぞれです。

その感じ方の違いが、何によって差を生じさせるのかというと、心のもち方なのです。**心のもち方ひとつで、人生をゆったりと生きていくことができるのならば、小人として生きるよりも君子として生きたいと思うのではないでしょうか。**

『論語』では、君子と小人がよく対比されてでてきますが、君子となれるものならば君子になりたいと思う言葉が数多くあります。

孔子の理想とする人とは、完全無欠の聖人ですが、聖人になることはむずかしいとしても、弟子たちは小人ではいたくはないという思いを強くもって、君子を目標として学問に励んだのに違いありません。

蕩蕩 → おだやかでゆったりしている様子

戚戚 → くよくよしている様子

君子

修養を積んだ人は心ができているので、細かい利害や損失などに気をわずらうことなく、ゆったりしている

↓

幸せ

小人

心の修養を積んでいない人というのは、些細な利益のことや損失のことに心を奪われているから、くよくよ、こせこせとしている

↓

不幸

ワンポイント

修養を積んだ人間は細かいことを気にせず、つねに心がゆったりとしているものです。

第6章

人間が第一という考えを貫いた孔子

厩《うまや》焚《や》けたり。子《し》、朝《ちょう》より退《しりぞ》きて曰《いわ》く、人《ひと》を傷《そこな》えりや。馬《うま》を問《と》わず。

訳

馬小屋が焼けた。朝廷から帰ってくると、このことを知って孔子がいった。けがをした人はいなかったか、と。馬のことは問わなかった。

馬小屋が焼けたと聞いて、まず頭に浮かぶのは馬がどうしたかではないでしょうか。

馬といえば、当時でもかなりの財産価値があったに違いありません。

ところが、**孔子は馬のことは一切聞かず、人間の安否を最初に気づかったのでした。**

心を込めるということ

このようなところが、孔子が君子たるゆえんでしょう。人間を大切にする心、仁の心を咄嗟《とっさ》のときに発揮するという姿勢に、弟子たちは感動したのに違いありません。

短い一文ですが、凝縮された濃い内容に、インパクトを感じます。仁の心と、そして実行する心、やはり凡人にはできないことでしょう。孔子の弟子の司馬牛《しばぎゅう》が、**憂《うれ》えて曰《いわ》く、人《ひと》皆《み》な兄弟《きょうだい》あり、我《わ》れ独《ひと》り亡《な》し**（人にはみな兄弟があるのに、わたくしにだけはない）と、嘆いたときにも、弟子の子夏がこれを聞いて、兄弟がいないのは運命だから、しょうがない。しかし誰にでも思いやりの心で接するならば、それらの人と兄弟のようになることもできるよ、といいます。

孔子の教えが、まさに弟子の子夏にしっかりと受け継がれていることを知るくだりです。

馬小屋が焼けた → 馬はどうなった?

孔子は馬のことよりまず人間のことを心配

＝

人間を大切にする心・仁の心を咄嗟に発揮した

孔子が君子たる理由＝弟子たちにも人間を大切にする心を伝え、仁の心は孔子から受け継がれていきました

ワンポイント

常に人間を第一に考えている孔子の姿勢は、だからこそ多くの弟子たちの心に響いたのです。

第6章

論語ちょっといい話6

「論語読みの論語知らず」とは

「論語読みの論語知らず」とは、読書をして書の内容を理解することはあっても、理解した内容を社会生活のうえに、具体的に反映したり実践したりすることができないことをいい表した言葉です。

書物に書いてあることを知識として理解することはできても、それを生かして実行することのできない人を、あざけっていう言葉としてもこの言葉が使われます。

『論語』という実践的理論性を備えた書物の性質からして、他の書物よりも、より実践に対しての期待値が高いということなのでしょうか。

簡単・明瞭な言葉で表現されていること、読む人それぞれの解釈でどのような場合にも適応する内容を有していることなどから、実際の生活あるいはビジネスに生かすのも決してむずかしいことではないのが、論語の言葉です。

事実、論語を実践してきた先人たちは数多くいます。

読書をよくする人は、知識が豊富で情報にも詳しいものです。興味のある事柄

書物の内容を理解しても社会生活で実践できなければ意味がありません。

について より詳しく知りたい、あるいは何かの解答を得たいと思うならば、本を読むことで解消できることは、案外たくさんあるものです。

人によって、あるいは場合によって読書の楽しみ方は違ってあたりまえですが、読書に魅了されるということは、少なくとも読後に精神的な満足感を得たり、その後の生き方への影響が生じてくるものです。

本からは多くのことを学ぶことができます。すなわち知識がふえていきます。また、自分自身に興味がある本を読むことは楽しいことです。

さらには自分の気づかなかった情報や知らなかった情報も得ることが可能となります。

論語も例外ではありません。論語の言葉は、読むだけでも楽しいものですが、そのとき感心しただけで忘れてしまうというのでは、「論語読みの論語知らず」になってしまい残念な気がします。

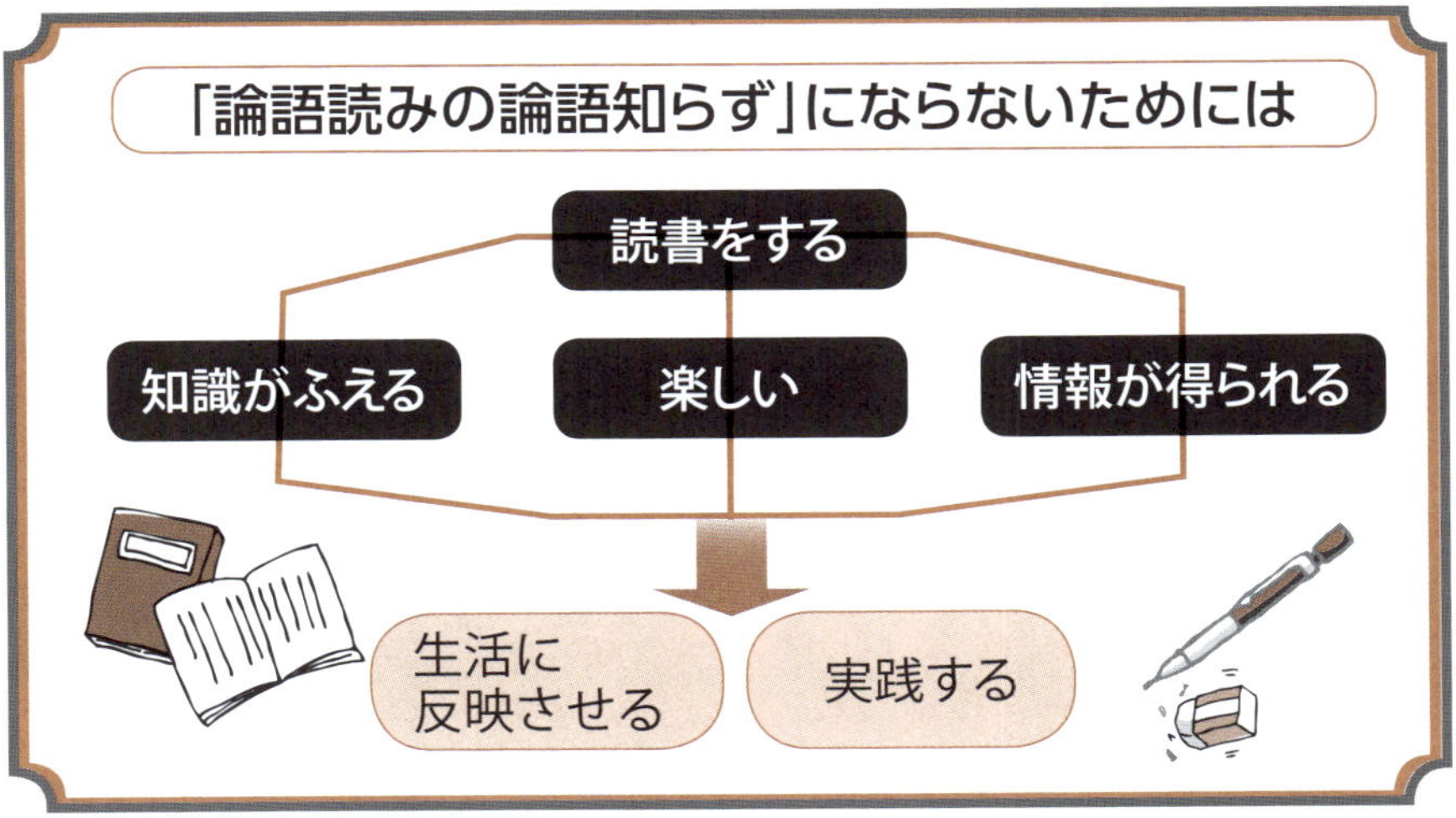

「論語読みの論語知らず」にならないためには
読書をする
知識がふえる
楽しい
情報が得られる
生活に
反映させる
実践する

孔子の名言

天命を自覚して生きる

13

孔子《こうし》曰《いわ》く、命《めい》を知《し》らざれば、以《もっ》て君子《くんし》たること無《な》きなり。
礼《れい》を知《し》らざれば、以《もっ》て立《た》つこと無《な》きなり。
言《げん》を知《し》らざれば、以《もっ》て人《ひと》を知《し》ること無《な》きなり。

意味

孔子がいわれた。天命というものが、わからないようでは、君子とはいえない。礼がわからないようでは、世に立っていくことはできない。言葉がわからないようでは、人を知ることはできない。

天から与えられた使命という意味で使われている天命は、運命とおきかえてもよいでしょう。天命を自覚して、人のためになるように生きることが立派な生き方です。そのためには、礼をよく学んで、人の言葉をよく聞く、ということが大切なことだといっています。天命を自覚することで、人は謙虚になります。少しでも人のために役立つ生き方、それを一人ひとりが心がければ、孔子が考えたように世の中は善くなるに違いありません。

参考文献

- 論語（金谷治・岩波文庫）
- 孔子の一生と論語（緑川佑介・明治書院）
- 孔子の一生（三戸岡道夫・栄光出版社）
- 中野孝次の論語（中野孝次・海竜社）
- 論語入門（谷沢永一・幻冬舎）
- 論語（岬龍一郎・ＰＨＰ研究所）
- 心にひびく論語（中村信幸・永岡書店）
- 新論語学（孔健・集英社インターナショナル）
- 中国古典名言事典（諸橋轍次・講談社学術文庫）
- 論語と孔子の辞典（江連 隆・大修館書店）
- ことわざ古事 成語慣用句辞典（田島諸介・梧桐書林）
- 「論語」の言葉（一個人編集部・ＫＫベストセラーズ）
- 人生は論語に窮まる（谷沢永一／渡辺昇一・ＰＨＰ研究所）
- 「論語」名言集（齋藤 孝・プレジデント社）
- 知識ゼロからの論語（谷沢永一／古谷三敏・幻冬舎）
- イチから知りたい！ 論語の本（佐久 協 監修・西東社）

- ＷＥＢ関連　各項目関連サイト 他

※本書は2012年に小社より『新版　面白いほどよくわかる論語』として刊行されたものに加筆し、図版を新規に作制し再編集したものです。

カバーデザイン／BOOLAB.
本文DTP／松下隆治
本文イラスト／山口謠司・長野亨 他
編集協力／酒井和子
オフィス・スリー・ハーツ

【監修者略歴】

山口謠司（やまぐち・ようじ）

1963年長崎県生まれ。博士（中国学）。大東文化大学文学部大学院、フランス国立高等研究院人文科学研究所大学院に学ぶ。ケンブリッジ大学東洋学部共同研究員などを経て、現大東文化大学文学部中国学科教授。

主な著書に『語彙力がないまま社会人になってしまった人へ』（ワニブックス）、『日本語を作った男 上田万年とその時代』（第29回和辻哲郎文化賞を受賞。集英社インターナショナル）、『日本語の奇跡〈アイウエオ〉と〈いろは〉の発明』『ん―日本語最後の謎に挑む―』『名前の暗号』（新潮社）、『てんてん　日本語究極の謎に迫る』（角川書店）、『日本語にとってカタカナとは何か』（河出書房新社）、『大人の漢字教室』『にほんご歳時記』（PHP研究所）、『漢字はすごい』（講談社）、『語彙力のへそ』（小社刊）、『おとなのための1分読書』（自由国民社）など著書多数。

眠れなくなるほど面白い
図解　論語

2019年3月1日　第1刷発行
2024年10月20日　第12刷発行

監修者
山口謠司
発行者
竹村響

印刷所
TOPPANクロレ株式会社
製本所
TOPPANクロレ株式会社
発行所
株式会社日本文芸社
〒100-0003 東京都千代田区一ツ橋1-1-1　パレスサイドビル8F
＊

ISBN978-4-537-26199-8
112190222-112241011 Ⓝ12 (409106)
編集担当・坂